Katharina Hild & Nikola Hild

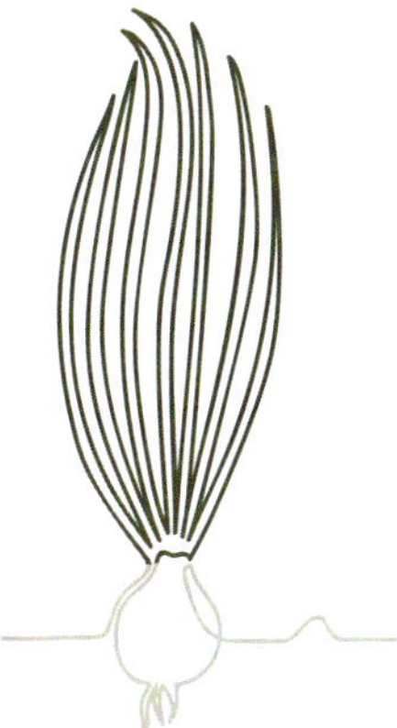

SO SCHMECKT'S SCHWÄBISCH VEGETARISCH

Moderne Heimatküche für Genießer

SILBERBURG

VORWORT

LIEBE LESERINNEN UND LESER

Die schwäbische Küche gilt gemeinhin als fleischlastig. Unwillkürlich denkt man an deftige Fleischgerichte wie Schlachtplatte, Rostbraten oder Fleischküchle. Das ist jedoch historisch gesehen ein relativ junges Phänomen. Betrachtet man den traditionellen Speiseplan der Vorwirtschaftswunderzeit, überwiegen fleischlose Eintöpfe, sättigende Suppen und habhafte Mehlspeisen. Fleischbeilagen waren selten bis gar nicht auf den Tellern des gemeinen Volkes zu Gast.

Allerdings war das weitgehend fleischlose Leben keine freiwillige Entscheidung zugunsten des Tierwohls und der Umwelt, sondern aus der puren Not geboren. Gleichwohl entstand so im Lauf der Jahrhunderte ein wahres Schatzkästlein an vielfältigen vegetarischen Rezepten. Während also die vegetarische Küche durchaus an schwäbische Traditionen anknüpft, gilt das für die vegane nur bedingt. Wie in allen europäischen Regionalküchen gibt es hier nur wenige tradierte Vorbilder.

Das vorliegende Kochbuch greift die fleischlosen heimischen Küchenklassiker auf und präsentiert sie in zeitgemäßer Interpretation: pfiffig, nachhaltig, umweltfreundlich und gesund – vor allem auf der Basis guter regionaler Produkte, über die das Land in reicher Fülle verfügt. Als populärste Beispiele seien hier Alblinsen und Bauländer Grünkern erwähnt, die für die vegetarische und vegane Küche geradezu prädestiniert sind. Gleichzeitig soll auch die kulinarische Heimatkunde, also die Geschichte hinter den Gerichten, nicht zu kurz kommen.

Guten Appetit!

Ihre Katharina Hild & Nikola Hild

INHALT

SUPPEN UND EINTÖPFE 9

VORSPEISEN UND KLEINE GERICHTE 37

SUPPEN UND EINTÖPFE

Zahlreiche Dichter – von Ludwig Aurbacher bis Hans Sachs – haben die schwäbische Suppenkultur gebührend literarisch gewürdigt. Das einstige Arme-Leute-Essen, das angeblich fünfmal am Tag auf den Tisch kam, hat sich allerdings längst zu einem zeitgemäßen Gericht gemausert, das ebenso als Vorspeise wie auch als Zwischenmahlzeit oder Hauptgericht genossen werden kann. Zugleich sind Suppen ebenso vielfältig wie nachhaltig. Denn nicht wenige regionale Produkte eignen sich für ihre Zubereitung: von Dinkel und Albleisa bis hin zu Bier, Most und Brezeln.

BRUNNENKRESSESUPPE
mit Kartoffelchips

Suppen sind wahre Bauchschmeichler und gelten zu Recht als »der Schwaben Schatz«. Eine besonders schmackhafte, heute kaum noch gebräuchliche Variante ist die Zubereitung mit Brunnenkresse. Der Kreuzblütler, der auch als Wasserkraut, Bachbitterkraut und Wassersenf bezeichnet wird, wurde bis ins 20. Jahrhundert in vielen Gegenden kultiviert. Zeitweise war er als Speisepflanze so beliebt, dass die Nachfrage kaum gestillt werden konnte. Der Niedergang des Brunnenkresse-Anbaus ist nur teilweise auf veränderte Ernährungsgewohnheiten zurückzuführen. Verantwortlich ist vor allem die Wasserverschmutzung. Denn Brunnenkresse benötigt klares, sauberes Wasser.

FÜR 4 PERSONEN

FÜR DIE SUPPE

1 kg Brunnenkresse
2 Schalotten
150 g festkochende Kartoffeln
2 EL Butter
150 ml trockener Weißwein
1200 ml klare Gemüsebrühe
100 g Sahne
100 g Schmand
½ EL Zitronensaft
1 TL Abrieb einer unbehandelten Zitrone
Salz, frisch gemahlener schwarzer Pfeffer

FÜR DIE CHIPS

3 große festkochende Kartoffeln
(alternativ Süßkartoffeln)
Pflanzenöl zum Bestreichen
Salz

Für die Suppe die Brunnenkresse waschen und feste Stiele entfernen. Einige Blättchen zum Garnieren zurückbehalten und die übrigen grob zerkleinern. Schalotten und Kartoffeln schälen. Die Schalotten in feine Streifen und die Kartoffeln in etwa 1 cm große Würfel schneiden.

Anschließend die Schalotten mit Butter in einer großen Pfanne anbräunen, Brunnenkresse zugeben und andünsten, bis sie zusammenfällt. Mit dem Weißwein ablöschen. Dann die Gemüsebrühe angießen und aufkochen. Die Kartoffelwürfel zugeben und sanft köcheln, bis die Kartoffeln weich sind. Mit dem Stabmixer fein pürieren. Sahne und Schmand einrühren, nochmals 5 Minuten köcheln lassen und dann mit Zitronensaft und Zitronenabrieb sowie Salz und Pfeffer abschmecken.

Für die Chips den Backofen auf 220 °C (Ober-/Unterhitze) vorheizen. Die Kartoffeln schälen und in sehr dünne Scheiben schneiden. Auf einem mit Backpapier belegten Blech einzeln auslegen, mit Öl bestreichen und nach Bedarf salzen. So lange im Ofen backen, bis die Scheiben knusprig sind.

D . OUR HEART . OUR VISIO
SSION
r story . Change your home

r and
OF OUR WORL

We
PACKA

GEMÜSEBRÜHE
mit Kräuterflädle

VEGAN

Die unangefochtenen kulinarischen Hauptdarsteller der schwäbischen Küche sind Mehlspeisen in allen Variationen. Schließlich zählte das Land von alters her zu den Getreideregionen. Der »schwarze Brei«, eine Art Grütze aus Hirse, Weizen oder geschrotetem Dinkel, sicherte weiten Teilen der armen Bevölkerung das Überleben. Getreide war so wertvoll, dass die Kaffeezubereitung aus geröstetem Weizen noch zu Beginn des 20. Jahrhunderts als gotteslästerliche Ausschweifung galt. Derartige Aushausigkeiten blieben allerdings ohnehin ausgesprochen selten. Mehl benötigte man zur Zubereitung von Spatzen, Dampfnudeln und Flädle. Und da die Schwaben bekennende Nassesser sind, dürfen die Getreidezubereitungen am Ende gerne schwimmen gehen – entweder in der Sauce oder in der Brühe. Als Suppeneinlage machen vor allem fluffige, fein geschnittene Flädle bella figura, nicht zuletzt wenn frische Kräuter wie Schnittlauch, Giersch oder Brennnessel eine Nebenrolle übernehmen.

FÜR 4 PERSONEN

ZUTATEN

250 g Weizenmehl (Type 405)
2 EL Sojamehl, mit etwas Wasser verrührt
100 ml Mineralwasser
1 Päckchen Backpulver
500 ml Pflanzenmilch
  (z. B. Hafer- oder Mandelmilch)
1 TL Salz
2 EL Schnittlauchröllchen
  (alternativ andere frische Kräuter, fein gehackt)
Pflanzenöl zum Backen der Flädle
2 l Gemüsebrühe

In einer Schüssel das Mehl, das aufgelöste Sojamehl, das Mineralwasser, das Backpulver, die Pflanzenmilch und das Salz mit einem Schneebesen vermengen, bis ein glatter Teig entsteht. Dieser sollte recht dünnflüssig sein, damit die Flädle sehr dünn ausgebacken werden können. Die gehackten Kräuter hinzugeben und unterrühren. Nacheinander in einer Pfanne die Flädle im Öl ausbacken.

Fertige Flädle locker aufrollen und in schmale Streifen schneiden. Die Flädle auf vorgewärmten tiefen Tellern anrichten, mit der heißen Brühe übergießen und, mit Schnittlauchröllchen bestreut, servieren.

Kräuterflädle

Flädle sind sozusagen die schlanken Schwestern der Pfannkuchen. Zwar sind schwäbische Pfannkuchen ohnehin bei Weitem nicht so dick und schaumig wie in anderen Regionen. Aber unsere Flädle sind noch dünner als dünn, fast schon durchsichtig und dabei ungemein knusprig.

Auch weit außerhalb unserer kulinarischen Region kennt man klein geschnittene Flädle, die in der Suppe schwimmen. Wobei hierzulande auch süße Flädle mit Rosinen oder Gsälz zu den althergebrachten Zubereitungsarten zählen.

Das filigrane Mehlgericht ist unglaublich wandlungsfähig und wird in der modernen heimischen Küche vorzugsweise mit Gemüse, Käse und Pilzen genossen. In Kombination mit frischen Kräutern, die dem Teig vor dem Ausbacken beigefügt werden, erschließt sich ein besonderer Hochgenuss. Neben Klassikern wie Schnittlauch und Petersilie bieten sich Wildkräuter an. Wodurch sogar Löwenzahn und Giersch – der Alptraum aller Hobby-Gärtner – zu Nutzpflanzen mutieren können.

KARTOFFELSUPPE
mit Croûtons

Legendär ist die trickreiche Einführung der Kartoffel in Preußen. An den sturen Schwaben hätte sich Friedrich der Große allerdings die königlich-preußischen Zähne ausgebissen. Denn die nahrhafte Knolle fand nur zögerlich den Weg in die schwäbischen Herzen und Mägen. Eine aus Not geschlossene Zwangsehe, aus der nie echte Liebe wurde. Dabei reicht die Kartoffeltradition in Württemberg wesentlich weiter zurück als in allen anderen deutschen Ländern. Bereits um 1700 brachten Waldenser, eine verfolgte Glaubensgemeinschaft, die sich seinerzeit in Württemberg niederließ, die neue Frucht ins Schwäbische, wo sie durchaus freundliche Aufnahme fand. Kultiviert wurde sie zunächst allerdings nicht als Nahrungsmittel, sondern als wertvolle Zierpflanze in herrschaftlichen Gärten. Wobei sie sich bei adeligen Damen besonderer Beliebtheit als Haarschmuck erfreute.

FÜR 4 PERSONEN

FÜR DIE SUPPE

6 große mehligkochende Kartoffeln
1 Karotte
1 Stück Sellerieknolle
2 Zwiebeln
Butterschmalz
frischer Majoran oder Thymian (nach Geschmack)
100 g Sahne
frisch gemahlener schwarzer Pfeffer, Salz

FÜR DIE CROÛTONS

2 Scheiben Toastbrot
Butter

Für die Suppe Kartoffeln, Karotte und Sellerie waschen, schälen und in kleine Würfel schneiden. Die Zwiebeln abziehen, klein schneiden und in dem Butterschmalz gut anschwitzen. Das Gemüse hinzugeben, kurz scharf anbraten und dann mit Wasser ablöschen. Anschließend so weit mit Wasser auffüllen, dass das Gemüse zwei Finger breit mit Wasser bedeckt ist. Köcheln lassen und bei Bedarf zusätzliches Wasser hinzugeben. Sobald alles gar ist, den gehackten Majoran oder Thymian zugeben und alles pürieren. Sahne hinzugeben und mit Pfeffer und Salz abschmecken.

Für die Croûtons das Toastbrot in kleine Würfel schneiden, in Butter anrösten und vor dem Servieren auf die Suppe streuen.

GRÜNKERNSUPPE,
herzhaft garniert

Die »Erfindung« des Grünkerns ist mit ziemlicher Sicherheit knurrenden Mägen zu verdanken. Hunger war wohl die Triebfeder, die Menschen dazu veranlasste, Dinkel in unreifem Zustand zu ernten und über Buchenholzfeuer zu trocknen. Die ältesten bisher bekannten Vertreter des »Schwabenkorns« wurden im Raum Ludwigsburg entdeckt. Der Fund legt nahe, dass der ebenso gesunde wie schmackhafte Grünkern bereits im 5. Jahrhundert vor Christus auf dem »keltisch-schwäbischen« Speiseplan zu finden war.

FÜR 4 PERSONEN

FÜR DIE SUPPE

4 Schalotten
100 g Staudensellerie
50 g Butter
100 g geschroteter Grünkern
1 ½ l Gemüsebrühe
1 Msp. Muskatnuss, gerieben
Salz, frisch gemahlener schwarzer Pfeffer
125 g Crème fraîche
1 Eigelb

AUSSERDEM

1 Zwiebel
Butter
Schnittlauchröllchen

Zunächst die Schalotten abziehen und fein würfeln. Dann den Staudensellerie putzen, auf der runden Seite schälen und die Fäden abziehen. Im Anschluss wird er gewaschen und quer in dünne Scheiben geschnitten.

Nun die Butter in einem Topf aufschäumen lassen und den Grünkernschrot unter Rühren darin anrösten. Dann die fein gewürfelten Schalotten und die Selleriescheiben dazugeben. Das Ganze rund 3 Minuten anschwitzen, mit der Brühe auffüllen und zu einer glatten Suppe gut durchrühren. Anschließend bei geringer Hitze etwa 20 Minuten köcheln lassen. Mit Muskatabrieb, Pfeffer und Salz abschmecken. Die Crème fraîche und das Eigelb vermischen und unter die Suppe rühren. Die Suppe sollte nun nicht mehr kochen, da sonst das Ei gerinnt.

Für die Garnitur die Zwiebel abziehen, in feine Ringe schneiden und in Butter braun anbraten. Dann die Zwiebelringe auf die in Tellern angerichtete Suppe geben und, mit Schnittlauchröllchen bestreut, servieren.

RIEBELE in Gemüsebrühe

Der hohe Stellenwert, den die Schwaben ihren Suppen einräumen, trägt auch literarische Früchte. Der Nürnberger Dichter Hans Sachs bezeichnete sie liebevoll als »der Schwaben Schatz«. Auch Ludwig Auerbach findet lobende Worte, die allerdings mehr den Suppen als den Schwaben gelten: »In dem gesegneten Schwabenland besteht die löbliche Gewohnheit, dass man täglich fünfmal isst, und zwar fünfmal Suppe und zweimal dazu Knöpfle oder Spätzle; daher denn die Leute in der Umgebung auch Suppen- oder Knöpflesschwaben genannt werden. Man sagt, dass sie zwar zwei Mägen hätten, aber kein Herz.« Sieht man über die anatomische Inkorrektheit großzügig hinweg, bleibt die treffende Erkenntnis, dass Suppen in der Ernährung der württembergischen Bevölkerung eine tragende Rolle spielten. Denn sie waren für viele der nicht gerade auf Rosen gebetteten Schwaben die einzige erschwingliche warme Mahlzeit. Allerdings waren Suppen auch in der Vergangenheit nicht ausschließlich ein Arme-Leute-Essen. Von geradezu barocker Üppigkeit – zumindest für schwäbisch-pietistische Verhältnisse – zeigen sich Hochzeitssuppe und Gaisburger Marsch. Wobei auch Riebelessuppe zu den eher etwas luxuriöseren Klassikern zählt.

FÜR 4 PERSONEN

ZUTATEN

250 g Weizenmehl (Type 405)
2–3 Eier
Salz
Muskatnuss, gerieben
1 ½ l Gemüsebrühe
Schnittlauchröllchen (alternativ andere frische Kräuter, fein gehackt)

Aus Mehl, Eiern, Salz und Muskatabrieb einen festen Teig kneten. Diesen etwas ruhen lassen, dann mit den Händen flach drücken. Danach den festen Teig in erbsengroße Stückchen zerkleinern, entweder durch Kleinhacken mit einem großen Messer oder mithilfe eines Riebeleeisens oder einer groben Gemüsereibe. Dabei nur in eine Richtung reiben.

Die Gemüsebrühe erhitzen, die Riebele einstreuen und etwa 10 Minuten ziehen lassen. Mit Schnittlauchröllchen bestreuen und servieren.

GAISBURGER Marsch

VEGAN

Der Küchenklassiker entstand vermutlich im 19. Jahrhundert als typisches Resteverwertungsessen, in dem sogar die in Schwaben nicht sonderlich geliebten Kartoffeln herzlich willkommen sind. Daher sein traditioneller Name »Schnitz und Spatzen«. Die heute gebräuchliche, zackig-militärische Bezeichnung »Gaisburger Marsch« tauchte erst in den 1930er-Jahren im Zusammenhang mit den von der NS-Regierung propagierten Eintopfsonntagen auf.

FÜR 4 PERSONEN

FÜR DIE SPÄTZLE

175 g Weizenmehl (Type 405)
75 g Hartweizengrieß
Salz

FÜR DEN GAISBURGER MARSCH

500 g vorwiegend festkochende Kartoffeln
Salz
2 Karotten
150 g von 1 Knolle Sellerie
1 ½ l Gemüsebrühe
1 Stange Lauch
frisch gemahlener schwarzer Pfeffer
1 Msp. Muskatnuss, gerieben
3 Zwiebeln
Pflanzenöl zum Anbräunen
1 Prise Zucker
2 EL Schnittlauchröllchen

Für die Spätzle aus allen Zutaten und etwas kaltem Wasser einen festen, glatten Teig zubereiten und so lange schlagen, bis er Blasen wirft. Auf das nasse Spätzlesbrett einen Teil des Teiges streichen und mit einem speziellen Schaber oder einem breiten Messer schmale Streifen in kochendes Salzwasser schaben. Einmal schaumig aufkochen lassen, dann mit einem Drahtlöffel herausnehmen, in einem Sieb kurz mit kaltem Wasser abspülen und warmstellen. Restlichen Teig analog verarbeiten.

Für die Suppe die Kartoffeln schälen, in Spalten oder Würfel schneiden und in Salzwasser bissfest kochen, dann abgießen und ausdampfen lassen. Karotten und Knollensellerie putzen und in Würfel schneiden. Gemüsebrühe zum Kochen bringen und die Gemüsewürfel darin etwa 5 Minuten köcheln lassen. Den Lauch putzen und in Ringe schneiden. In der Brühe etwa 3 Minuten köcheln lassen. Dann die Brühe mit Pfeffer, Salz und Muskat abschmecken. Zwischenzeitlich Zwiebeln abziehen, in Ringe schneiden und in einer Pfanne mit Öl anbräunen. Kartoffeln und Spätzle zur Brühe geben, kurz ziehen lassen und dann, mit den angebratenen Zwiebelringen und den Schnittlauchröllchen garniert, servieren.

TIPP: Schmeckt auch mit angebratenen Würfeln von geräuchertem Tofu.

Gebrannte GRIESSSUPPE mit Gemüseringen

VEGAN

Im Schatten der großen Super-Food-Stars Albleisa und Bauländer Grünkern ist der Grieß auch im Schwäbischen etwas in Vergessenheit geraten. Zumal man mit ihm vor allem Baby-Nahrung von zweifelhafter Konsistenz und Moltofill-ähnlichem Geschmack assoziiert. Ganz zu Unrecht. Denn das gemahlene Getreidekorn besticht dank seines angenehm milden Aromas durch brillante Wandlungsfähigkeit. Die traditionelle schwäbische Küche kennt zahlreiche Süßspeisen wie Pudding und Flammeri, die zumeist aus Weichweizengrieß zubereitet werden. Unter den salzigen Varianten dominieren neben Grießklößen, die als Beilage gereicht werden, insbesondere verschiedene Grießsuppen und als besonders köstliche Suppeneinlage Grießklößchen. Grießsuppe ist nicht nur ein wahres Geschenk für alle, die mit empfindlichem Magen oder Darm geschlagen sind. Sie hilft auch gegen Erkältung und Traurigkeit und mildert den Winter-Blues. Als Seelentröster empfiehlt sich besonders eine süße Variante der Suppe mit Ahornsirup, Vanille und Sahne.

FÜR 4 PERSONEN

FÜR DIE SUPPE

60 g Grieß
1 EL Weizenmehl (Type 405)
Pflanzenöl zum Anrösten
Salz, frisch gemahlener schwarzer Pfeffer
Muskatnuss, gerieben
frische Kräuter nach Belieben (z. B. Schnittlauch, Petersilie, Salbei, Basilikum), fein gehackt

FÜR DIE GEMÜSERINGE

1 Karotte
1 Zwiebel

FÜR DIE CROÛTONS

2 Scheiben Weiß- oder Vollkornbrot
Pflanzenöl zum Anbraten

Für die Suppe Grieß und Mehl mit dem Öl in einem großen Topf hellgelb anrösten, mit 1 ¼ l Wasser ablöschen und 30 Minuten lang durchkochen. Dann mit Salz, Pfeffer und Muskat abschmecken.

Für die Gemüseringe die Karotte putzen, schälen und mit einem Spiralschneider in lange Spiralen schneiden. Die Zwiebel abziehen und in Ringe schneiden. Beides in Öl knusprig braten.

Für die Croûtons das Brot in Würfel schneiden und in einer Pfanne mit dem Öl braun anbraten.

Die fertige Grießsuppe mit den Croûtons, den Gemüseringen und, nach Belieben mit Kräutern garniert, servieren.

ALB-LINSENSUPPE
mit Sahnehaube

Linsen zählen zu den ältesten Kulturpflanzen weltweit. Auch auf der Schwäbischen Alb lässt sich ihr Anbau bis in die Hallstattzeit zurückverfolgen. Dabei erwiesen sich ausgerechnet die kargen Böden der rauen Alb als idealer Standort für die nahrhaften Eiweißlieferanten. Kein Wunder also, dass sie zum Schwäbischen Nationalgericht avancierten. Mitte des 20. Jahrhunderts brachten allerdings niedrige Erträge und der enorme Arbeitsaufwand bei der Ernte und Reinigung der Hülsenfrüchte den Linsenanbau auf der Alb zum Erliegen. Angeblich sollen die Bauern »dem Glomp« keine Träne nachgeweint haben – zumindest bis um die Mitte der 1980er-Jahre. Die Wiederansiedlung der alten Kulturpflanze war ein ebenso schwieriges wie engagiertes Unterfangen, das detektivischen Spürsinn und enormen Pioniergeist verlangte. Am Ende entwickelte sich die Renaissance der »Alb-Leisa« allerdings zu einer wunderbaren Erfolgsgeschichte.

FÜR 4 PERSONEN

ZUTATEN
200 g Alblinsen
1 Zwiebel
50 g Butter
60 g Weizenmehl (Type 405)
1–1 ½ l Gemüsebrühe
frisch gemahlener schwarzer Pfeffer, Salz
1–2 EL Essig
125 g Sahne, steif geschlagen
frische Kräuter zum Garnieren

Die Alblinsen im Schnellkochtopf entsprechend den Herstellerangaben mit Wasser weich garen. Die weichen Linsen abtropfen lassen, dabei die abgetropfte Flüssigkeit auffangen und zur Seite stellen. Anschließend wird die Zwiebel abgezogen und gewürfelt. Dann in Butter anbraten, Mehl hinzugeben und gut anbräunen. Nach und nach mit dem warmen Linsenwasser und der warmen Gemüsebrühe unter ständigem Rühren ablöschen. Dabei wird peu à peu so lange Flüssigkeit nachgegossen, bis die gewünschte Konsistenz erreicht ist.

Die weichen Linsen hinzugeben, mit Pfeffer, Salz und Essig abschmecken. Gegebenenfalls nochmals etwas Flüssigkeit zuführen und ein weiteres Mal abschmecken. Vor dem Servieren erhält die Suppe eine Haube aus steif geschlagener Sahne und wird mit Kräutern garniert.

Alb-Leisa
Linsen
von der Schwäbischen Alb
Sorte: Kleine dunkelgrüne
von der
Öko-Erzeugergemeinschaft
„Alb-Leisa"
Am Hochberg 25
89584 Lauterach
www.alb-leisa.de
DE-006-Öko-Kontrollstelle
Bioland

Spinat-Pilz-MAULTASCHEN in Gemüsebrühe

Die Herkunft unserer Maultaschen liegt im historischen Dunkel. Zuweilen wurde ihnen ein Migrationshintergrund unterstellt. Immer wieder werden Vermutungen laut, sie wären Abkömmlinge italienischer Ravioli oder russischer Piroggen. Wie es auch sei, 1831 wurden sie durch den württembergischen Prälaten Johannes Christoph von Schmid erstmals als »gefüllte Nudel aus Schwaben« erwähnt.

FÜR 4 PERSONEN

FÜR DEN TEIG

2 Eier
½ TL Salz
250 g Weizenmehl (Type 405)

FÜR DIE FÜLLUNG

120 g mehligkochende Kartoffeln
250 g Pilze
500 g frischer Spinat
1 Zwiebel
Pflanzenöl zum Anbraten
Salz, frisch gemahlener schwarzer Pfeffer
Muskatnuss, gerieben
Semmelbrösel
1 verquirltes Ei

FÜR DIE DEKORATION

2 Zwiebeln
Butterschmalz
1 ½ l Gemüsebrühe

Für den Teig die Eier, etwa 60 ml Wasser und das Salz gut miteinander vermengen. Mehl nach und nach zugeben und so lange durchkneten, bis ein glatter, zarter Teig entsteht. Den Teig mit einem feuchten Tuch abdecken und etwa 30 Minuten ruhen lassen.

Für die Füllung die Kartoffeln waschen, schälen und klein schneiden. In Salzwasser gar kochen und anschließend durch eine Kartoffelpresse drücken. Pilze säubern und klein schneiden. Dann den Spinat waschen und gut abtropfen lassen, die Zwiebel abziehen und in kleine Würfel schneiden. Zwiebeln und Pilze in Öl anbraten und mit Salz und Pfeffer würzen. Spinat zugeben und gar kochen. Mit Salz, Pfeffer und Muskat abschmecken. Abkühlen lassen und dann alles mit den Kartoffeln gut vermengen. Die Masse darf nicht zu feucht sein. Gegebenenfalls mit Semmelbröseln ausgleichen und nochmals abschmecken.

Den Nudelteig auf einer bemehlten Arbeitsfläche etwa 50 cm lang und 25 cm hoch auswellen. Rechts, entlang der kurzen Seite, 3–4 kleine Portionen der Füllung von oben nach unten und mit etwa 4–5 cm Abstand vom rechten Rand auf dem Teig platzieren. Um die Füllung herum die Teigplatte mit verquirltem Ei bestreichen. Dann den Teig vom rechten Rand her so über die Füllung legen, dass links von der Füllung, etwa 1,5 cm breit, Teig auf Teig liegt. Rund um die Füllungen die Teiglagen gut festdrücken und mit einem Messer oder Rändelrad entlang der doppelten Teiglage die Maultaschen ausschneiden. So weiter verfahren, bis die Füllung aufgebraucht ist.

Die Maultaschen dann in einem großen Topf in siedendem Salzwasser portionsweise jeweils etwa 4–8 Minuten gar ziehen lassen. Die Gemüsebrühe erhitzen und die fertigen Maultaschen darin warm halten. Zwiebeln abziehen, in Ringe schneiden, im Butterschmalz goldbraun anbraten und vor dem Servieren auf die Maultaschen und die Brühe geben. Alternativ geht natürlich auch frisch gehackter Schnittlauch und/oder Petersilie.

PetersilienWURZELSUPPE mit Kürbiskernen

VEGAN

Die pflanzliche Migrationsgeschichte ist ebenso spannend und vielfältig wie die menschliche. Im Lauf der Jahrhunderte fand weltweit ein reger Austausch statt. Aus der »Neuen Welt« gelangten Tomaten, Kartoffeln und Paprika nach Europa. Im Gegenzug reiste Wein nach Kalifornien und Chile. Während Petersilie zu den hiesigen Ureinwohnern zählt, kam der Kürbis erst im Laufe der Entdeckungsreisen des 16. Jahrhunderts in die »Alte Welt«. Längst ist er so gut integriert, dass er keinen »Schwabennachweis« mehr braucht. Fast könnte man ihn sogar als Tübinger bezeichnen. Denn in der Universitätsstadt am Neckar wurde er 1543 erstmals in Europa beschrieben. Der dortige Mediziner und Botaniker Leonhart Fuchs, der als Namensgeber der Fuchsie bekannt wurde, widmete ihm ein Kapitel in seinem reich illustrierten »New Kreüterbuch«.

FÜR 4 PERSONEN

ZUTATEN

1 Zwiebel
200 g mehligkochende Kartoffeln
500 g Petersilienwurzel
2 EL Pflanzenöl
trockener Weißwein zum Ablöschen
750 ml Gemüsebrühe
1 Lorbeerblatt
1 TL frischer Thymian
200 ml Hafermilch
Salz, frisch gemahlener schwarzer Pfeffer
Muskatnuss, gerieben
4 EL Kürbiskerne
2–3 EL Kürbiskernöl

Zunächst die Zwiebel fein würfeln. Dann Kartoffeln und Petersilienwurzeln schälen und grob würfeln. In einem Topf 1 EL Öl erhitzen und die Zwiebeln darin glasig anschwitzen. Anschließend Kartoffel- und Petersilienwurzel dazugeben und kurz mit anbraten. Mit Weißwein ablöschen und kurz einkochen lassen. Gemüsebrühe und Lorbeer hinzugeben, aufkochen und abgedeckt bei kleiner Hitze 15–20 Minuten kochen lassen. Danach Lorbeer entfernen, Thymian und Hafermilch hinzugeben, die Suppe fein pürieren und mit den Gewürzen abschmecken. Die Kürbiskerne mit etwas Salz und Öl in einer Pfanne anrösten. Die heiße Suppe mit den Kürbiskernen bestreuen und etwas Kürbiskernöl darüberträufeln.

TIPP: Schmeckt auch mit Pastinaken.

VEGAN

BROTSUPPE mit Gemüsechips

Bekannt ist der schwäbische Spruch: »Nix verkomma lassa«, und manch vorurteilsbeladener Zeitgenosse sieht darin einen Beleg für den angeblich genetisch bedingten Geiz der Schwaben. Freundlicher betrachtet, könnte man aber auch sagen, dass diese Haltung auf den großen Respekt hinweist, den die Württemberger ihren Lebensmitteln zollten. Nicht von ungefähr genießt die sinnvolle Verwertung von Speiseresten einen enormen Stellenwert in unseren Breitengraden. Die oftmals von Hungersnöten gebeutelten Schwaben haben diesbezüglich große Kreativität entfaltet. Aus altbackenem Brot, Hefekranz oder Weckle fertigte man Ofenschlupfer, Arme Ritter oder Brotsuppe. Entweder in süßer Form mit Zucker und Rosinen oder als salzige Variante mit Käse, Pilzen und Gemüse.

FÜR 4 PERSONEN

FÜR DIE GEMÜSECHIPS

1 Karotte
1 Süßkartoffel
1 große Rote Bete
Salz
Pflanzenöl zum Bestreichen

FÜR DIE SUPPE

1 große Zwiebel
125 g altbackene Schwarzbrotreste
1 Stück Knollensellerie
1 Stück Lauch
1 Karotte
1 Stück Petersilienwurzel
Pflanzenöl zum Anbraten
frisch gemahlener schwarzer Pfeffer, Salz
Muskatnuss, gerieben

Für die Gemüsechips den Ofen auf 200 °C (Ober-/Unterhitze) vorheizen. Gemüse putzen, schälen und in dünne Scheiben schneiden. Auf ein mit Backpapier ausgelegtes Blech einzeln auslegen, mit Öl bestreichen, etwas salzen und dann so lange backen, bis die Chips knusprig sind.

Für die Suppe die Zwiebel abziehen und in kleine Würfel schneiden. In einer Pfanne mit Öl goldgelb anbraten. Das Brot in kleine Würfel schneiden und zusammen mit den Zwiebeln und etwas Salz gut anrösten. Das geputzte Gemüse in kleine Würfel schneiden und in einem großen Topf mit Öl scharf anbraten. Mit etwa 500 ml Wasser ablöschen und weich kochen. Sobald das Suppengemüse weich ist, Brotwürfel und Zwiebel sowie noch etwas Wasser hinzugeben und erhitzen, bis die Brotwürfel zerfallen. Bis zur gewünschten Konsistenz weiteres Wasser (bis zu etwa 1–1 ½ l) hinzugeben und einmal kurz aufkochen. Alles zusammen durch ein grobes Sieb streichen, nochmals kurz aufkochen und mit Pfeffer, Salz und Muskat abschmecken. Mit den Gemüsechips servieren.

ÜBERRASCHUNGSSUPPE
mit allerlei Gemüse

VEGAN

Überraschungssuppe ist sozusagen die Königsdisziplin der Nachhaltigkeit. Sie vereinigt die traditionelle schwäbische Sparsamkeit mit dem modernen Bestreben der Ressourcenschonung. Weniger freundlich ausgedrückt, könnte man auch von Resteverwertungssuppe sprechen. Denn in den Topf kommen alle Gemüsereste, die sich am Ende der Woche im Kühlschrank finden. Insofern ist das vorliegende Rezept lediglich ein Ideengeber. Zunächst klingt das wenig prickelnd, aber das Ergebnis ist garantiert immer ein Gedicht – und stets eine Überraschung. Dabei ist das Ganze so kinderleicht, dass man nichts falsch machen kann. Am Ende erhält man mit geringem Aufwand und ohne Ressourcenverschwendung eine preiswerte, kalorienarme und vitaminreiche Mahlzeit. Gemüsesuppen lassen sich übrigens in rauen Mengen bevorraten. Nicht nur im Gefrierschrank, sondern auch durch Eindünsten oder Einwecken, eine schwäbische Erfindung von 1892, dank der unsere Überraschungssuppe mühelos in den Fast-Food-Himmel aufsteigt.

FÜR 4 PERSONEN

ZUTATEN

2 festkochende Kartoffeln
2 Karotten
2 gelbe Zucchini
1 Stück Staudensellerie
1 kleine Stange Lauch
1 große Zwiebel
2 EL Bratöl
1 ½ l Gemüsebrühe
frisch gemahlener schwarzer Pfeffer, Salz
Muskatnuss, gerieben
Petersilie, fein gehackt und/oder Schnittlauchröllchen

Kartoffeln schälen, waschen und in 2 cm große Würfel schneiden. Das restliche Gemüse ebenfalls waschen und in gleich große Stücke schneiden. Die Zwiebel abziehen, klein schneiden und in einem großen Topf mit dem Öl gut anbräunen. Dann etwas von dem klein geschnittenen Gemüse hinzugeben und dieses ebenfalls etwas anbräunen lassen. Mit einem Teil der Brühe ablöschen. Das restliche Gemüse und die restliche Brühe hinzugeben, sodass das Gemüse von der Flüssigkeit bedeckt ist. Das Ganze so lange kochen, bis die Kartoffeln und das Gemüse gar sind. Mit Pfeffer, Salz, Muskat abschmecken und, mit den Kräutern bestreut, servieren.

VORSPEISEN UND KLEINE GERICHTE

Vorspeisen und kleine – womöglich auch noch kalorienarme – Gerichte waren jahrhundertelang für den größten Teil der überwiegend bäuerlichen Bevölkerung kein Thema. Die kräftezehrende Feldarbeit verlangte kalorienreiche Nahrung, die zumeist in Form von sättigenden Mehlspeisen auf den Tisch kam. Für ausgeklügelte Speisefolgen mit mehreren Gängen fehlte es an Zeit und Geld. Amuse-Gueules und Konsorten tauchten lediglich an Fürstenhöfen und seit dem 19. Jahrhundert gelegentlich auch in den Haushalten des gehobenen Bürgertums auf.

GEMÜSEMAULTASCHEN auf buntem Salat

Die Entstehungslegende der Maultasche fußt auf einem Stück Fleisch, das vor Gott versteckt werden musste. Seither sind die »Hergottsbscheißerle« scheinbar untrennbar mit Hackfleischfüllung verbunden. Das entspricht allerdings nicht den historischen Tatsachen. Denn im 18. und 19. Jahrhundert konnte die Füllung sowohl aus Früchten und Mandeln als auch aus Fleisch, Käse oder Mangold bestehen.

FÜR 4 PERSONEN

FÜR DEN TEIG

2 Eier
½ TL Salz
250 g Weizenmehl (Type 405)

FÜR DIE FÜLLUNG

200 g mehligkochende Kartoffeln
1 große rote Paprika
1 große gelbe Paprika
300 g Brokkoli
1 Zwiebel
Pflanzenöl zum Anbraten
frisch gemahlener schwarzer Pfeffer, Salz
Muskatnuss, gemahlen
Semmelbrösel

FÜR DEN SALAT

nach Belieben (z. B. Salatherzen, Kresse, Paprika, Tomaten, Gurke)
Senf
Essig
Olivenöl
frisch gemahlener schwarzer Pfeffer, Salz

AUSSERDEM

1 Ei, verquirlt
3 EL Sonnenblumenkerne

Für den Teig die Eier, etwa 60 ml Wasser und das Salz gut miteinander vermengen. Mehl nach und nach zugeben und so lange durchkneten, bis ein glatter, zarter Teig entsteht. Den Teig mit einem feuchten Tuch abdecken und etwa 30 Minuten ruhen lassen.

Für die Füllung die Kartoffeln waschen, schälen und klein schneiden. In Salzwasser gar kochen und durch eine Kartoffelpresse drücken. Paprika und Brokkoli säubern und klein schneiden. Zwiebel abziehen und in kleine Würfel schneiden. Zwiebel und Gemüse in Öl anbraten und gar kochen. Mit Salz, Pfeffer und Muskat abschmecken. Abkühlen lassen und dann alles mit den Kartoffeln gut vermengen. Die Masse darf nicht zu feucht sein. Gegebenenfalls mit Semmelbröseln ausgleichen und nochmals abschmecken.

Den Nudelteig auf einer bemehlten Arbeitsfläche etwa 50 cm lang und 25 cm hoch auswellen. Rechts, entlang der kurzen Seite, 3–4 kleine Portionen der Füllung von oben nach unten und mit etwa 4–5 cm Ab-

stand vom rechten Rand auf dem Teig platzieren. Um die Füllung herum die Teigplatte mit verquirltem Ei bestreichen. Dann den Teig vom rechten Rand her so über die Füllung legen, dass links von der Füllung, etwa 1,5 cm breit, Teig auf Teig liegt. Rund um die Füllungen die Teiglagen gut fest drücken und mit einem Messer oder Rändelrad entlang der doppelten Teiglage die Maultaschen ausschneiden. So weiter verfahren, bis die Füllung aufgebraucht ist.

Die Maultaschen dann in einem großen Topf in siedendem Salzwasser portionsweise jeweils etwa 4–8 Minuten gar ziehen lassen und warm stellen.

Die Zutaten für den Salat gut waschen. Aus Senf, Essig und Öl eine Salatsauce zubereiten und mit Salz und Pfeffer abschmecken. Die Maultaschen mit etwas Butter anbraten und auf den vorbereiteten Salat geben. Zum Schluss die Sonnenblumenkerne darüberstreuen.

LUGGELESKÄSNOCKEN
mit Sauerampfersalat

Luggeleskäs war einst sowohl ein weit verbreitetes, preiswertes Gericht der bäuerlichen Bevölkerung Württembergs als auch eine spezielle Nahrung für die frisch geschlüpften Hühner, die in ihren ersten Lebenstagen besonderer Zuwendung bedürfen. Diese wurden Luggele genannt. Ganz ähnlich klang der früher übliche Lockruf, der die Hühner zum Fressen rief: »Luck, luck, komm, Luggele.« Die uralte schwäbische Spezialität ist heute kaum noch bekannt. Leider, muss man sagen. Denn sie ist gerade auch für die fleischlose Ernährung eine enorme Bereicherung.

FÜR 4 PERSONEN

FÜR DEN LUGGELESKÄS

2 l frische, nicht entrahmte, nicht pasteurisierte Vollmilch
Salz, frisch gemahlener schwarzerPfeffer
1 kleine Zwiebel, klein geschnitten
1 EL frische Kräuter nach Belieben (z. B. Schnittlauch, Petersilie, Salbei, Basilikum), fein gehackt

FÜR DEN SALAT

200 g Sauerampfer
200 g Rucola
1 großer Apfel
1 gekochte große Rote Bete ohne Schale
100 g rote Kresse
Essig
Olivenöl
frisch gemahlener schwarzer Pfeffer, Salz

Für den Luggeleskäs die Milch an einem warmen Ort stehen lassen, damit sie sauer wird. Die dicksaure Milch abrahmen und im Wasserbad bei 23–25 °C etwa 3–4 Stunden erwärmen. Danach die Masse in ein Säckchen füllen und gut abtropfen lassen. Den abgenommenen sauren Rahm wieder hinzugeben und nach Geschmack mit Salz, Pfeffer und Zwiebelwürfeln würzen. Die Kräuter säubern, klein schneiden und unter die Masse heben. Bis zum Anrichten kalt stellen. Alternativ Schmand mit Sauerrahm mischen, Kräuter hinzufügen und ebenfalls nach Geschmack würzen.

Für den Salat den Sauerampfer und den Rucola waschen und die großen Stiele entfernen. Beide miteinander vermischen und zur Seite stellen. Dann den Apfel waschen, schälen und das Kerngehäuse entfernen, ohne den Apfel zu zerteilen. Rote Bete und Apfel in möglichst dünne Scheiben schneiden und auf Tellern anrichten. Mit Sauerampfer, roter Kresse und Rucola garnieren und das Dressing aus Essig, Öl, Pfeffer und Salz darüber verteilen. Anschließend mit 2 Teelöffeln Nocken aus der kalten Luggeleskäs-Masse formen und auf dem Salat platzieren.

ALBZARELLA-DINNETE

Tomate & Basilikum

Unter Genießern ist der Albzarella längst kein Geheimtipp mehr. Dabei begann die Erfolgsgeschichte des Büffelmozzarellas von der Schwäbischen Alb mit Kopfschütteln und Unverständnis. Vielen schien die Idee, Wasserbüffel zu reimportieren, die vor rund 120 000 Jahren schon einmal hier gelebt hatten, als hirnrissig bis vollkommen absurd. Die Urzeitviecher haben sich jedoch in ihrer neuen alten Heimat bestens integriert und sind zu einem wahren Besuchermagneten und einem beliebten Motiv der Tourismuswerbung geworden. Gleichzeitig zählt der Albzarella zu den interessantesten Innovationen, die die schwäbische Küche in den vergangenen Jahren hervorgebracht hat.

FÜR 4 PERSONEN

FÜR DEN HEFETEIG
500 g Weizenmehl (Type 405)
20 g Hefe
250 ml lauwarme Milch
1 TL Salz
1 Prise Zucker
100 g flüssige Butter

FÜR DEN BELAG
4 Albzarella
8–10 Tomaten
frisches Basilikum zum Dekorieren

FÜR DEN TOMATENSUGO
1 Zwiebel
Olivenöl
4 Tomaten
frische Kräuter nach Belieben (z. B. Majoran, Thymian, Oregano, Basilikum), fein gehackt
frisch gemahlener schwarzer Pfeffer, Salz

Für den Teig die Hefe mit etwas Milch und dem Zucker glatt rühren. Zusammen mit den restlichen Zutaten zu einem glatten Teig verarbeiten, bis er Blasen wirft und sich leicht von der Schüssel löst. Mit einem Tuch abdecken und an einem warmen Ort bis zur doppelten Höhe aufgehen lassen. In der Zwischenzeit den Ofen auf 200 °C (Ober-/Unterhitze) vorheizen. Den Albzarella und die Tomaten in Scheiben oder Stifte schneiden und kalt stellen.

Für den Tomatensugo die Zwiebel abziehen, würfeln und in dem Olivenöl anbraten. Die gewaschenen und in Würfel geschnittenen Tomaten zugeben. Etwas einkochen lassen, dann die gehackten Kräuter zugeben, reduzieren und alles mit Pfeffer und Salz abschmecken. Zur Seite stellen und abkühlen lassen.

Den Teig auf einer bemehlten Unterlage in kleine Portionen aufteilen und auswellen. Mit dem Tomatensugo bestreichen, mit den geschnittenen Tomaten und Albzarella belegen und etwa 15–20 Minuten backen. Vor dem Servieren mit Pfeffer und Salz würzen und, mit Kräutern bestreut, servieren.

HOHENLOHER BLOOTZ,
Rote Bete & Bohnen

Hohenloher Blootz wird gelegentlich auch als »Ländle-Pizza« bezeichnet. In Bezug auf die süddeutschen kulinarischen Regionen zwar etwas unsauber, dafür aber umso charmanter. Dabei sind die »verwandtschaftlichen« Beziehungen durchaus unübersehbar. Wie in vielen anderen Gegenden, deren Bevölkerung ständig mit Lebensmittelknappheit zu kämpfen hatte, belegte man auch im Hohenlohischen Teigfladen mit dem, was eben zur Hand war. So entstanden – vermutlich unabhängig voneinander – Elsässer Flammkuchen, italienische Pizza, schwäbische Dinnete und Hohenloher Blootz. Der Name der hohenlohischen Spezialität soll auf das mundartliche Wort »Blootz«, also Platz, zurückgehen. Denn beim wöchentlichen Brotbacken in den Dorfbackhäusern blieb im Ofen immer noch etwas Platz für die belegten Teigfladen.

FÜR 4 PERSONEN

FÜR DEN TEIG
20 g Hefe
1 Prise Zucker
500 g Weizenmehl (Type 405)
2 TL Salz

FÜR DEN BELAG
200 g grüne Bohnen
200 g gegarte Rote Bete
300 g Sauerrahm
1 Ei
1 TL Salz, frisch gemahlener schwarzer Pfeffer

Die Hefe mit einer Prise Zucker in etwas Wasser auflösen und glatt rühren. Zusammen mit Mehl, Salz und 250–300 ml Wasser zu einem glatten Teig kneten. Diesen für etwa 30 Minuten an einem warmen Ort gehen lassen.

Anschließend die grünen Bohnen waschen, putzen und in etwa 5 cm lange Stücke schneiden. Kurz in kochendem Wasser blanchieren, dann mit kaltem Wasser abschrecken und zur Seite stellen. Die gegarte Rote Bete in Stücke schneiden und ebenfalls zur Seite stellen. Den Sauerrahm mit dem Ei verrühren, mit Pfeffer und Salz würzen und kalt stellen.

Backofen auf 220 °C (Ober-/Unterhitze) vorheizen. Vom aufgegangenen Hefeteig kleine Stücke abschneiden und auf einer bemehlten Unterlage länglich oval auswellen. Diese Blootz mit dem Sauerrahm bestreichen und mit der Roten Bete und den grünen Bohnen belegen. Die belegten Blootz etwa 15 Minuten bei 220 °C backen, bis der Rand des Teigs hellbraun ist.

Blootz

Der Blootz war – etwas uncharmant ausgedrückt – gleichsam ein Abfallprodukt des gemeinschaftlichen Brotbackens im Dorfbackhaus. Und gleichzeitig eine der kreativsten Erfindungen der kulinarisch gesegneten Region Hohenlohe. Beim Brotbacken konnte man zumeist noch etwas Teig abzwacken, für den sich im Holzbackofen zwischen den Brotlaiben immer noch ein Plätzchen fand. Die kleinen flachen Kuchen können beliebig belegt werden, je nachdem, was Garten, Landwirtschaft und die Jahreszeit bieten.

In pikanter Zubereitung wird der dünn ausgerollte, knusprige Teigfladen mit Schmand bestrichen, mit Lauch, Zwiebeln und zuweilen Speck belegt. Bei der süßen Variante kommen vorzugsweise Zwetschgen zum Einsatz, wobei man hier ebenso wie bei habhaften Blootz durchaus kreativ werden darf. Der Fantasie sind keine Grenzen gesetzt und unsere heutigen Möglichkeiten wesentlich breiter gefächert als die unserer wenig bemittelten Vorfahren, die nur das auf den Teigfladen packen konnten, was sie eben zur Hand hatten.

KATZEGSCHROI mit Tofu & Paprika

VEGAN

Die Entstehungslegende von Katzegschroi zeichnet sich nicht gerade durch Tierfreundlichkeit aus. Das Gericht enthält zwar nicht das kleinste Fitzelchen vom Stubentiger. Aber die Geschichte, die sich um die Resteverwertungsmahlzeit rankt, ist wenig sympathisch: Eine Katze, die die sonntäglichen Bratenreste vernaschen wollte, soll mit einem Tritt bestraft worden sein, den sie mit lautem Gschroi, also Geschrei, quittierte. Wesentlich liebenswerter ist die Behauptung, die Speise wäre so ungemein lecker, dass alle Katzen vor Verlangen danach schreien. Katzegschroi entstand zwar als typisch schwäbisches Recycling-Gericht, in dem die Reste des Sonntagsbratens einen zweiten glanzvollen Auftritt bekamen, kann aber nur bedingt als Arme-Leute-Essen betrachtet werden. Denn bei den ganz Armen blieben weder Lebensmittelreste übrig, noch verirrte sich Fleisch auf ihre Teller. Katzegschroi ist übrigens sowohl in vegetarischer als auch in veganer Zubereitung so lecker, dass nicht nur die Katzen vor Verlangen danach schreien.

FÜR 4 PERSONEN

ZUTATEN
50 g Räuchertofu
Pflanzenöl zum Anbraten
1 rote Paprikaschote
1 Zwiebel
200 g Naturtofu
100 g Seidentofu
1 TL Kurkuma
Kala-Namak-Salz
frisch gemahlener schwarzer Pfeffer
Schnittlauchröllchen zum Garnieren

Zunächst wird der Räuchertofu in möglichst kleine Würfel geschnitten, dann mit Öl in einer Pfanne angebraten und zur Seite gestellt. Dann die Paprikaschote waschen, vierteln, Stiel und Kerne entfernen und in kleine Würfel schneiden. Anschließend die Zwiebel abziehen, zerkleinern und in einer Pfanne zusammen mit den Paprikawürfeln in Öl anbraten.

In einer Schüssel den Natur- und den Seidentofu mit einer Gabel zerdrücken. Mit Kurkuma, Kala Namak und Pfeffer würzen, alles gut vermischen und mit Öl in einer Pfanne anbraten. Das »Rührei« mit dem Räuchertofu und den angebratenen Paprikawürfeln anrichten und, mit Schnittlauchröllchen garniert, servieren.

Gefüllte ZUCCHINIBLÜTEN mit Kirschtomaten

Lange waren Ziegen auf der Schwäbischen Alb weit verbreitet. Allerdings nicht in großen Herden, sondern zumeist als Einzeltiere, als »Kuh des armen Mannes«. Die genügsamen Hornträger wurden nicht als Schlachttiere gehalten. Sie dienten vielmehr zahlreichen mittellosen Familien, die sich keine Kuh leisten konnten, als Milchlieferanten. Auch die recht bescheiden honorierten Bahnwärter hielten sich und ihre Angehörigen so über Wasser, was den Paarhufern den Ehrentitel »Bahnwärterkuh« einbrachte.

Es ist nicht bekannt, ob und wenn ja, in welchem Umfang Ziegenkäse über den Eigenbedarf hinaus hergestellt wurde. Fest steht jedoch, dass die »Bahnwärterkuh«, nachdem sie aus unserer Region einige Jahrzehnte lang fast vollkommen verschwunden war, längst wieder ihren Platz auf den Schwäbischen Alb gefunden hat. Heute lebt sie mit ihren Artgenossen als Herdentier unter anderem auf dem Ensmader Ziegenhof, wo sich rund 100 Tiere tummeln. Überwiegend auf der Weide. Denn soweit es das Wetter zulässt, verbringen sie die warme Jahreszeit im Grünen. Nicht nur die Tierhaltung, sondern auch die Käseproduktion erfolgt nach Bioland-Richtlinien, was bedeutet, dass ausschließlich die Milch der eigenen Tiere und nur gentechnikfreie Säuerungskulturen verwendet werden.

FÜR 4 PERSONEN

ZUTATEN

12 Zucchini mit Blüten
250 g Ziegenfrischkäse
(z. B. vom Ensmader Ziegenhof)
Olivenöl
Salz
20 Kirschtomaten
frisch gemahlener schwarzer Pfeffer
1 EL frisches Basilikum, gehackt

Die Zucchini vorsichtig waschen, säubern und abtrocknen. Dann die Fruchtstempel vorsichtig aus den Blüten entfernen und mithilfe eines Teelöffels oder eines Spritzbeutels mit Frischkäse füllen. Die Zucchini in einer Pfanne mit Olivenöl und Salz kurz anbraten, bis sie weich, aber noch bissfest sind. Die Tomaten waschen, trocknen und in einer Pfanne mit Olivenöl und Salz gut anschmoren. Vor dem Servieren werden Zucchini und Tomaten mit Pfeffer und bei Bedarf nochmals Salz gewürzt, anschließend mit Basilikum dekoriert.

FLÄDLESÄCKLE
mit Gemüsefüllung

VEGAN

Mehl gilt zu Recht als Herzstück der schwäbischen Küche. Denn mit geringem Aufwand und bescheidenen Zutaten lassen sich die unterschiedlichsten Mahlzeiten daraus zubereiten. Eine Spitzenposition unter den Mehlspeisen nehmen die Flädle ein, die so dünn sein sollten, dass der Eindruck entsteht, man könne durch sie hindurchschauen.

FÜR 4 PERSONEN

FÜR DIE FLÄDLE

250 g Weizenmehl (Type 405)
2 EL Sojamehl, mit etwas Wasser verrührt
100 ml Mineralwasser
1 Päckchen Backpulver
500 ml Pflanzenmilch
(z. B. Hafer- oder Mandelmilch)
1 TL Salz
Pflanzenöl zum Ausbacken

FÜR DIE FÜLLUNG UND DIE BEILAGE

300 g Champignons
1 große rote Paprika
1 Aubergine
1 Zucchini
1 große Zwiebel
1–2 Knoblauchzehen
Olivenöl
frisch gemahlener schwarzer Pfeffer, Salz
frischer Thymian, gehackt
200 g geriebener Käseersatz
Schnittlauch zum Binden (alternativ Küchengarn)

Für die Flädle das Weizenmehl, das aufgelöste Sojamehl, Mineralwasser, Backpulver, Pflanzenmilch und Salz in eine Schüssel geben und mit einem Schneebesen schlagen, bis ein glatter Teig entsteht. Dieser sollte relativ flüssig sein, um dünne Flädle zu erhalten. Anschließend die Flädle in einer kleinen Pfanne mit Öl ausbacken und zur Seite stellen.

Für die Füllung und die Beilage die Pilze säubern und klein schneiden. Paprika waschen, Stiel und Kerne entfernen und klein schneiden. Aubergine und Zucchini waschen, Stiele entfernen und in kleine Würfel schneiden. Zwiebel und Knoblauch abziehen, klein schneiden und in einer Pfanne mit dem Olivenöl anbraten. Pilze, Zucchini, Aubergine und Paprika hinzugeben und gut anbraten. Mit Pfeffer, Salz und frisch gehacktem Thymian abschmecken.

Einen Teil der Füllung auf die einzelnen Flädle platzieren und mit dem Käseersatz bestreuen. Die Flädle dann zu säckchenartigen Päckchen formen und mit Schnittlauch zusammenbinden. Die fertigen Überraschungsflädle im vorgewärmten Backofen gut erwärmen und dann zusammen mit dem restlichen Gemüse servieren.

SALZIGE WAFFELN
mit Kräuterdip

Als Schwabe schaut man einigermaßen irritiert auf das harte, keksartige Gebäck, das der Rest der Menschheit als Waffeln bezeichnet. Tatsächlich hat dieses bockelesharte Zeug außer der bienenwabenähnlichen Prägung nichts mit unseren Waffeln gemein. Die müssen nämlich außen knusprig und innen fluffig sein. Bis vor wenigen Jahrzehnten zählten Waffeleisen zum festen Inventar jeder schwäbischen Küche. Das herzförmige Gebäck war ein beliebtes Mittagessen, das zudem durch Preisgünstigkeit und schnelle Zubereitung punkten konnte: Teig anrühren, im Waffeleisen backen, Puderzucker drüber und fertig. Mittlerweile sind schwäbische Waffeln allerdings ein Kandidat für die Rote Liste der vom Aussterben bedrohten Traditionsrezepte. Im privaten und im gastronomischen Bereich werden sie kaum noch gesichtet. Schulfeste und Vereinsfeiern scheinen ihre letzten Biotope zu sein. Das mag auch damit zusammenhängen, dass man süße Hauptmahlzeiten heute nicht mehr als zeitgemäß betrachtet. Waffeln sind allerdings wandlungsfähig genug, um sie auch in salziger Form mit Kräutern oder Gemüse auf den Tisch zu bringen.

FÜR 4 PERSONEN

FÜR DIE WAFFELN

250 g Weizenmehl (Type 405)
250 ml Milch
4 Eigelb
½ Päckchen Backpulver
100 g zerlassene Butter
4 Eiweiß, steif geschlagen
1 Prise Salz
Fett für das Waffeleisen

FÜR DEN DIP

300 g Crème fraîche
Salz, frisch gemahlener schwarzer Pfeffer
frische Kräuter nach Belieben (z. B. Schnittlauch, Petersilie, Salbei, Basilikum), fein gehackt

Für den Dip die Crème fraîche mit Pfeffer und Salz würzen, die fein gehackten Kräuter unterrühren und das Ganze kalt stellen.

Für die Waffeln aus Mehl, Milch und Eigelb einen glatten Waffelteig rühren. Nach und nach das Backpulver, die zerlassene Butter und zuletzt das steif geschlagene Eiweiß in den Teig geben. Mit einer Prise Salz würzen. Das erhitzte Waffeleisen dünn einfetten, einen Schöpflöffel Teig in die Mitte geben, gut verteilen, zuklappen und die Waffel goldbraun backen.

Die fertigen Waffeln im Ofen warm halten oder gleich mit dem Dip servieren.

VEGAN

GEBRATENE Topinambur auf Wildkräutersalat

Der Name Topinambur geht auf das indigene Volk der Tupinambá zurück. Ein deutlicher Hinweis darauf, dass die Ursprünge des Knollengemüses nicht auf schwäbischem Boden, sondern in der »Neuen Welt« zu finden sind. Zu Beginn des 17. Jahrhunderts brachten Seefahrer die sonnenblumenähnliche »Erdartischocke« nach Europa, wo sie aufgrund ihrer Herkunft auch als »Indianerkartoffel« bezeichnet wurde. Im Gegensatz zu Tomaten und Kartoffeln, die nach ihrer Einwanderung zunächst ausschließlich als luxuriöse Zierpflanzen in herrschaftlichen Parkanlagen kultiviert wurden, diente Topinambur von Anfang an ausschließlich der menschlichen Ernährung. Der Karriereknick der schrumpeligen Knolle erfolgte um die Mitte des 18. Jahrhunderts. Sie verlor ihre Stellung als Sattmacher an die Kartoffel und fristete von nun an ein bescheidenes Dasein als Tierfutter.

Glücklicherweise ist das nahrhafte Gemüse mittlerweile wieder auf dem menschlichen Teller angekommen. Es ist ein wahrer Allrounder, der sowohl als Suppe, Püree, Salat oder Bratling verspeist werden kann. Dabei kommt sein nussiges Aroma in Verbindung mit unseren heimischen Wildkräutern vortrefflich zur Geltung.

FÜR 4 PERSONEN

ZUTATEN

300 g gemischte Wildkräuter nach Belieben (z. B. Gänseblümchen, Löwenzahnblätter, Sauerampfer, Rotklee)
Senf
Essig
Olivenöl
Salz, frisch gemahlener schwarzer Pfeffer
300 g Topinambur
Pflanzenöl zum Anbraten

Zunächst werden die Kräuter gut gewaschen und die groben Stiele entfernt. Dann aus Senf, Essig und Öl eine Salatsauce zubereiten, die mit Salz und Pfeffer abgeschmeckt wird.

Die Topinambur gut säubern, in Scheiben schneiden und mit Öl in einer Pfanne anbraten. Anschließend mit Pfeffer und Salz würzen und zusammen mit dem Salat servieren.

SCHNECKENNUDELN
mit Löwenzahnpesto

Schnecken gibt's im Schwäbischen auch vegetarisch. Als schneckenförmig gewickeltes Gebäck, das traditionell als Süßgebäck zubereitet wird, aber auch in habhafter Form mundet.

FÜR 4 PERSONEN

FÜR DAS LÖWENZAHNPESTO

250 g Sonnenblumenkerne
10 junge Löwenzahnrosetten
5 Löwenzahnblütenköpfchen
1–2 Knoblauchzehen
1 ½–2 TL grobes Meersalz
350–400 ml Olivenöl
frisch gemahlener schwarzer Pfeffer

FÜR DIE SCHNECKENNUDELN

20 g Hefe
250 ml lauwarme Milch
500 g Weizenmehl (Type 405)
100 g zerlassene Butter
250 g geriebener Käse

Für das Pesto die Sonnenblumenkerne ohne Fett in einer Pfanne unter ständigem Rühren bei mittlerer Hitze etwa 5 Minuten vorsichtig anrösten. Den Löwenzahn waschen und abtrocknen. Die Blätter fein hacken, die Blütenköpfe beiseitelegen. Den Knoblauch abziehen und fein hacken. Anschließend werden die Sonnenblumenkerne mit dem Meersalz in einem Mixer grob püriert. Das Olivenöl nach und nach zugeben, bis die gewünschte Konsistenz entstanden ist. Die Löwenzahnblüten vom Blütenkelch abzupfen und unter das Pesto rühren. Mit Pfeffer abschmecken.

Für die Schneckennudeln die Hefe mit etwas lauwarmer Milch glatt rühren. Dann das Mehl in eine große Schüssel geben, die gelöste Hefe und die restliche Milch sowie die zerlassene Butter nach und nach zugeben. Teig durchkneten, bis er Blasen wirft und sich von der Schüssel löst. Die Schüssel mit einem Tuch abdecken und den Teig an einem warmen Ort auf doppelte Höhe gehen lassen, was etwa 30 Minuten dauert. Backofen auf etwa 200 °C (Ober-/Unterhitze) vorheizen und ein Backblech mit Backpapier auslegen. Den Teig rechteckig ausrollen, mit dem Pesto bestreichen, dabei links und rechts 1 cm Teig frei lassen. Den geriebenen Käse gleichmäßig auf dem Pesto verteilen. 2–3 cm breite Streifen längs abschneiden, aufrollen, etwas festdrücken und auf das Backblech setzen. Nochmals einige Minuten gehen lassen, dann etwa 20 Minuten backen.

TIPP: Gekühlt und mit Olivenöl bedeckt, hält sich das Pesto in einem geschlossenen Gefäß eine Woche.

SPARGEL-LAUGEN-stangen mit Eierdip

Neben Schwetzingen und Stuttgart zählte auch die Ulmer Region zu den frühen großen Spargelanbaugebieten. Der Ulmer Asparagus genoss weithin einen exzellenten Ruf und wurde donauabwärts bis nach Budapest verschifft. Nach der Eisenbahnanbindung Ulms gelangte der grüne Exportschlager sogar bis nach Frankreich, Russland und in die USA. Die ehemalige Ulmer Spargeltradition lebt heute nur noch in der 1905 nach Ulm eingemeindeten Ortschaft Söflingen fort, wo bis heute der geschmacksintensive grüne Spargel kultiviert wird.

FÜR 4 PERSONEN

FÜR DEN EIERDIP

6 hart gekochte Eigelb
4 hart gekochte Eiweiß
Salz, frisch gemahlener schwarzer Pfeffer
Saft einer halben Zitrone
16 EL Olivenöl

FÜR DIE SPARGEL-LAUGEN-STANGEN

4 TK-Laugenbrezelrohlinge
20 g Butter
8 Stangen grüner Spargel

Für den Eierdip die hart gekochten Eier schälen. Anschließend Eigelb und Eiweiß trennen. Das Eigelb in eine Rührschüssel geben und zerdrücken. Das Salz, den Pfeffer und den Zitronensaft zufügen und glatt rühren. Wenn das Ei-Mus fein und glatt ist, wird das Öl in dünnem Strahl langsam hineingerührt. Das hart gekochte Eiweiß klein hacken und in die Masse geben. Den Dip kalt stellen.

Die Brezelrohlinge auf einem Backpapier etwa 20 Minuten auftauen lassen. Den Backofen auf 180 °C (Ober-/Unterhitze) vorheizen und ein Backblech mit Backpapier belegen. Den Spargel waschen und die holzigen Enden abschneiden. Ganz kurz in heißem Salzwasser blanchieren und in Eiswasser abschrecken. Die aufgetauten Brezeln zu je einem Strang auseinandernehmen und jeweils halbieren, sodass insgesamt 8 Teigstränge entstehen. Die dicken Enden etwas flach drücken. Dann die Teigstränge, beginnend mit dem dickeren Ende, von unten nach oben spiralförmig um den Spargel wickeln. Auf das Blech legen und den Brezelteig mit Butter bestreichen. Im Ofen backen, bis der Spargel bissfest und der Teig goldbraun ist.

Zusammen mit dem Dip servieren.

ROTE-BETE-KÜCHLE
mit Ziegenkäse

Immer wieder sahen sich die württembergischen Herrscher zur Stärkung und Förderung der Landwirtschaft ihres Landes veranlasst. Auf der Agenda standen nicht nur Obst-, Gemüse- und Getreideanbau. Eine große Rolle spielte auch die Verbesserung der Rinderzucht durch den Ankauf männlicher »ausländischer« Jungtiere. Zur Weiterentwicklung der Ziegenrassen erfolgten keine entsprechenden Bestrebungen, wenngleich ihre Haltung bei den einfachen Leuten weit verbreitet war. Bis zu ihrer »Verrentung« blieben die genügsamen Hornträger bescheidene Milchlieferanten, denen die württembergischen Herrscher keine weitere Aufmerksamkeit schenkten. Die ungleiche Behandlung zeigte sich auch im Umgang mit dem Produkt. Die für den Eigenbedarf gewonnene Ziegenmilch landete in aller Regel unbehandelt in den Mägen. Kuhmilch wurde dagegen bereits im 19. Jahrhundert professionell in Sammelmolkereien unter Einsatz modernster Technik verarbeitet.

FÜR 4 PERSONEN

ZUTATEN

4 große Rote Beten
50 g Ziegenschnittkäse (z. B. Ensmader Tomme)
200 g Ziegencamembert (z. B. Ensmader)
4 EL Olivenöl
4 EL Sonnenblumenkerne
frisch gemahlener schwarzer Pfeffer, Salz
2 EL Essig

Rote Beten waschen, putzen und in Wasser weich kochen. Den Backofen auf 180 °C (Ober-/Unterhitze) vorheizen, den Ziegenschnittkäse reiben und den Ziegencamembert in rund 1 cm dicke Scheiben schneiden.

Die gekochten Roten Rüben etwas abkühlen lassen, schälen und in etwa 1 cm dicke Scheiben schneiden. In einer eingefetteten Auflaufform kleine »Küchle« aufschichten: ganz unten eine Scheibe Rote Bete, darauf eine Scheibe Ziegencamembert, der wiederum mit einer Rübenscheibe bedeckt wird. Zum Schluss den geriebenen Ziegenschnittkäse darüberstreuen, mit etwas Öl beträufeln und rund 10 Minuten im vorgeheizten Ofen backen.

In der Zwischenzeit die Sonnenblumenkerne rösten und in einer Schüssel Salz, Pfeffer, Essig und das restliche Olivenöl zu einem Dressing vermischen. Vor dem Servieren auf jedes Küchle Sonnenblumenkerne und Dressing geben.

HAUPTGERICHTE

Erst seit der Wende vom 19. zum 20. Jahrhundert setzte sich peu à peu der heute weitgehend übliche kulinarische Tagesablauf auf breiter Ebene durch. Während im überwiegend landwirtschaftlich geprägten schwäbischen Alltag lange vier bis fünf »gleichwertige« Mahlzeiten dominierten, erlangte nun das Mittagessen den Rang einer Hauptmahlzeit, die im Sonntagsbraten ihren wöchentlichen Höhepunkt fand. Veränderte berufliche Anforderungen und die Adaption mediterraner Esskultur führten dazu, dass sich die Hauptmahlzeit bei vielen Familien in den letzten Jahrzehnten in die Abendstunden verlagert hat.

OFENSCHLUPFER
mit Gemüse

Ofenschlupfer sind ein wunderbares Paradebeispiel für die im Schwäbischen gepflegte Recyclingkunst. Der Brotauflauf kann vom altbackenen Brot oder Weckle bis zum harten Hefekranz jedem nicht mehr frischen Gebäck neues Leben einhauchen. Traditionell wird der »Scheiterhaufen«, wie er in einigen Regionen auch genannt wird, mit Äpfeln, Rosinen, Mandeln und einer cremigen Sahne-Eier-Mischung zubereitet. Dabei können aber auch Pfirsiche, Birnen, Beeren, Quitten oder anderes Obst zum Einsatz kommen.

Gleichwohl spricht nichts dagegen, die ausgetretenen kulinarischen Pfade zu verlassen und den Auflauf mit Pilzen, Käse oder Gemüse zu bereichern. Egal, welche Variante man wählt, Ofenschlupfer erbringen den überzeugenden Beweis, dass nachhaltige Küche superlecker sein kann.

FÜR 4 PERSONEN

ZUTATEN
250 g Pilze
1 Zwiebel
Pflanzenöl zum Anbraten
frisch gemahlener schwarzer Pfeffer, Salz
250 g Brokkoli
4 altbackene Brötchen
2 Eier
250 ml Milch
1 Msp. Muskatnuss, gerieben
1 TL Butter zum Einfetten der Backform
200 g Gratinkäse

Die Pilze säubern und in Scheiben schneiden. Anschließend die Zwiebel abziehen, klein schneiden und mit Öl in einer Pfanne goldgelb anschwitzen. Die Pilze hinzugeben und kurz scharf anbraten. Mit Pfeffer und Salz abschmecken und zur Seite stellen. Dann den Brokkoli waschen, säubern und in kleine Stücke schneiden. Diese in Salzwasser bissfest garen. In Eiswasser abschrecken und ebenfalls zur Seite stellen.

Den Backofen auf 180 °C (Ober-/Unterhitze) vorheizen. Die Brötchen in etwa 2 cm dicke Scheiben schneiden. Die Eier mit der Milch verquirlen und mit Pfeffer, Muskat und Salz würzen. Eine Auflaufform mit Butter einfetten und die Brötchenscheiben hochkant und im Wechsel mit der Pilzmasse und dem Brokkoli einfüllen. Mit dem Eier-Milch-Gemisch übergießen, mit dem Käse bestreuen und etwa 20–30 Minuten im Ofen überbacken.

DEFTIGER GUGELHUPF
mit Gänseblümchendip

Gugelhupf ist der Inbegriff schwäbischer Sonntags- und Geburtstagsgemütlichkeit. Der Gänseblümchendip verleiht ihm zusätzlich einen ganz besonderen Wohlfühlfaktor.

FÜR 4 PERSONEN

FÜR DEN GUGELHUPF

20 g Hefe
250 ml lauwarme Milch
500 g Weizenmehl (Type 405)
100 g zerlassene Butter

FÜR DEN DIP

250 g Sahnequark
30 Gänseblümchen (Blüten und Blätter)
Saft und Abrieb von ½ unbehandelten Zitrone
frisch gemahlener schwarzer Pfeffer, Salz

FÜR DIE FÜLLUNG

1 große rote Paprika
200 g getrocknete Tomaten
frischer Thymian und Rosmarin
½ Bund Petersilie
2 Knoblauchzehen
Butter zum Anschwitzen und zum Einfetten der Form
Salz, frisch gemahlener schwarzer Pfeffer
200 g Mozzarella vom Albbüffel

Für den Gugelhupfteig die Hefe mit etwas lauwarmer Milch glatt rühren. Das Mehl in eine große Schüssel geben, die gelöste Hefe und die restliche Milch sowie die zerlassene Butter nach und nach zugeben. Den Teig durchkneten, bis er Blasen wirft und sich von der Schüssel löst. Die Schüssel mit einem Tuch abdecken und den Teig etwa 30 Minuten lang an einem warmen Ort auf doppelte Höhe gehen lassen.

Für den Dip die Gänseblümchen waschen, säubern und klein hacken. Die Zitronenschale abreiben und die halbe Zitrone auspressen. Alles mit dem Quark vermengen und mit Pfeffer und Salz abschmecken. Bis zum Servieren kalt stellen.

Für die Füllung die Paprikaschote waschen und abtrocknen. Stiel und Kerne entfernen. Dann die getrockneten Tomaten und die Paprika in kleine Würfel schneiden. Die Kräuter waschen und klein schneiden. Den Knoblauch abziehen. Die geschnittene Petersilie in einer Pfanne mit Butter anschwitzen, die Kräuter dazugeben und den durch die Presse gedrückten Knoblauch beifügen. Eine Gugelhupf-Form buttern und mit Mehl ausstreuen. Den Albzarella in etwa 20 Würfel schneiden. Den Teig in 20 Stücke teilen, flach drücken, ein Stück Mozzarella und etwas getrocknete Tomaten und Paprika einfüllen. Die Teigstücke zu einer Kugel formen, in der Kräuter-Knoblauch-Butter wenden, in die Form setzen und etwa 15 Minuten gehen lassen. Den Backofen auf 180 °C (Ober-/Unterhitze) vorheizen. Den Gugelhupf etwa 45 Minuten backen, herausnehmen, auf ein Gitter stürzen und mit dem Dip servieren.

ALBLINSEN mit Spätzle & »Würstchen«

VEGAN

Linsen und Spätzle gelten als das schwäbische Traditionsgericht schlechthin. Dabei befremdet die Anhäufung kohlehydratreicher Zutaten nicht nur Außer-Schwäbische. Gleichwohl ist sie aus ernährungswissenschaftlicher Sicht durchaus sinnvoll. Denn die beiden in Linsen und Spatzen enthaltenen Eiweißbausteine ergänzen sich optimal. Die scheinbar obligatorischen Saitenwürste sind historisch gesehen allerdings eher ein »Draufnauferle«, das erst spät den Weg zu den Linsen gefunden hat.

FÜR 4 PERSONEN

FÜR DIE SPÄTZLE
175 g Weizenmehl (Type 405)
75 g Hartweizengrieß
Salz

FÜR DIE LINSEN
200 g Alblinsen
1 Zwiebel
50 ml Pflanzenöl
60 g Weizenmehl (Type 405)
500 ml Gemüsebrühe
frisch gemahlener schwarzer Pfeffer, Salz
1–5 EL Essig

FÜR DIE EINLAGE
8 vegane Würstchen
Pflanzenöl zum Anbraten

Für die Spätzle aus allen Zutaten einen festen, glatten Teig zubereiten und so lange schlagen, bis er Blasen wirft. Auf das nasse Spätzlesbrett einen Teil des Teiges streichen und mit dem speziellen Schaber oder einem breiten Messer schmale Streifen in kochendes Salzwasser schaben. Einmal schaumig aufkochen lassen, dann mit einem Drahtlöffel herausnehmen, in einem Sieb kurz mit kaltem Wasser abspülen und warm stellen. Restlichen Teig analog verarbeiten.

Die Alblinsen im Schnellkochtopf mit Wasser (gemäß Angabe des Herstellers) weich garen. Die weichen Linsen abtropfen lassen und die Flüssigkeit zur Seite stellen. Zwiebel abziehen und würfeln. In Öl anbraten, Mehl hinzugeben und gut anbräunen. Nach und nach mit dem warmen Linsenwasser und der warmen Gemüsebrühe unter ständigem Rühren ablöschen. So lange Flüssigkeit zugeben, bis die gewünschte Konsistenz erreicht ist. Die weichen Linsen hinzugeben, mit Pfeffer, Salz und Essig abschmecken. Gegebenenfalls nochmals etwas Flüssigkeit zuführen und nochmals abschmecken.

Die veganen Würstchen mit Öl in einer Pfanne kross anbraten. Die warmen Spätzle mit den Linsen und den »Würstchen« anrichten und servieren.

Spätzle

Lange galt die Fähigkeit der Spätzlesherstellung quasi als Schwabennachweis – zumindest für den weiblichen Teil der Bevölkerung. »'s isch koi richtigs Schwoba-Mädle, des net Spätzla kocha ka«, lautete noch 1892 das vernichtende Urteil. Aber damit nicht genug. Im pietistisch geprägten Württemberg musste der Genuss besonders hart erarbeitet werden. Nur handgeschabte Spatzen kamen in den Spatzenhimmel. Der Dichter Thaddäus Troll verstieg sich sogar zu der Behauptung, nur sie verfügten über »jene schlaffe Konsistenz, die sich von der Sauce liebevoll umschmeicheln läßt«.

Spätzle, die unter Zuhilfenahme einer Spätzlespresse oder eines Spätzleshobels angefertigt wurden, erhielten den wenig schmeichelhaften Titel »Faule-Weiber-Spätzle«. Angesichts zahlreicher industrieller Fertigprodukte, die geschmacklich kilometerweit vom Original entfernt liegen, darf die dogmatische Puristen-Kiste getrost geschlossen werden. Hauptsache, die Spatzen sind selbst gemacht – egal, ob traditionell geschabt, durch den 1939 patentierten Spätzlesschwob gepresst oder aus dem Spätzle-Shaker von 2012 gedrückt.

KRAUTKRAPFEN
aus dem Backofen

VEGAN

Schon Ludwig Uhland befand: »Auch unser edles Sauerkraut, wir wollen's nicht vergessen, ein Deutscher hat's zuerst gebraut, drum ist's ein deutsches Essen.«

FÜR 4 PERSONEN

ZUTATEN

500 g Hartweizengrieß
1 Zwiebel
Pflanzenöl zum Anbraten, Einfetten und Bestreichen
500 g Sauerkraut
2 Lorbeerblätter
5 Wacholderbeeren
frisch gemahlener schwarzer Pfeffer, Salz
500 ml Gemüsebrühe

Für den Teig den Hartweizengrieß auf eine Arbeitsfläche geben und in die Mitte eine Mulde drücken. Von 225 ml warmem Wasser zunächst nur wenig in die Mulde geben und mit den Händen inmitten der Mulde einen Teig kneten. Nach und nach von den Seiten her immer etwas Grieß nachschieben und mehr warmes Wasser in die Mitte zugeben, bis zuletzt ein schön elastischer und glatter Teig entsteht. Er darf nicht mehr kleben, die Hände sollten trocken und ohne anhaftende Teigreste sein. Den Teig in Frischhaltefolie wickeln und mindestens 30 Minuten ruhen lassen.

Für die Füllung die Zwiebel abziehen und fein würfeln. In einem Topf mit Öl anbraten, dann Sauerkraut, Lorbeerblätter und Wacholderbeeren zugeben und etwa 20 Minuten dünsten. Danach Gewürze entfernen, mit Pfeffer und Salz abschmecken und abkühlen lassen.

Den Backofen auf 180 °C (Ober-/Unterhitze) vorheizen. Eine Auflaufform (innere Höhe mindestens 6 cm) gut einfetten. Den Teig auf der bemehlten Arbeitsfläche kurz durchkneten und dünn zu einem Rechteck ausrollen. Das abgekühlte Sauerkraut darauf verteilen, den Rand dabei frei lassen. Den Teig von der langen Seite her aufrollen. Etwa 5 cm breite Stücke von der Rolle abschneiden und die Teigstücke mit der Schnittfläche nach unten in die Auflaufform setzen. Die Form mit der erwärmten Brühe auffüllen, sodass die Krapfen fast bedeckt sind. Mit Alufolie gut abdecken und im Ofen etwa 25 Minuten garen lassen. Möglichst die Backofentür ab und zu öffnen, damit der Dampf entweichen kann. Danach die Alufolie entfernen und noch weitere 10 Minuten backen. Die fertigen Krapfen vor dem Servieren mit Öl bestreichen.

PFITZAUF mit Rucola-Kartoffelpüree

Namensgebend für den Pfitzauf war die lautmalerische Beschreibung des Backvorgangs. Der Teig »pfitzt« dabei auf, was im altschwäbischen Sprachgebrauch für »aufspringen« steht. Pfitzauf muss außen schön knusprig sein, im Inneren dätschig. Am besten verzehrt man ihn frisch und heiß direkt aus dem Ofen. Auf Besteck kann dabei gerne verzichtet werden.

FÜR 4 PERSONEN

FÜR DIE PFITZAUF (14 STÜCK)

250 g Weizenmehl (Type 405)
500 ml Milch
4 Eier
1 Prise Salz
2 EL zerlassene Butter
Butter für die Förmchen

FÜR DAS RUCOLA-KARTOFFELPÜREE

250 g mehligkochende Kartoffeln
200 g Rucola, plus mehr zum Garnieren
200 g Sahne
1 Knoblauchzehe
frisch gemahlener schwarzer Pfeffer, Salz

FÜR DIE KIRSCHTOMATEN

20 Kirschtomaten
Olivenöl zum Anbraten
Salz

Den Backofen auf 200 °C (Ober-/Unterhitze) vorheizen. Alle Zutaten für die Pfitzauf sollten Zimmertemperatur haben. Mehl, Milch, Eier und eine Prise Salz zu einem glatten Teig verrühren. Dann die flüssige Butter untermischen. Den Teig mit einer Schöpfkelle in gefettete Pfitzaufformen geben, dabei die Formen jeweils nur zur Hälfte füllen. In die Mitte des Backofens geben und etwa 45 Minuten backen, bis der Teig auf das Doppelte aufsteigt und das Gebäck eine schöne, goldbraune Farbe bekommt. Die Backofentür während des ganzen Backvorgangs nicht öffnen, da sonst der Teig zusammenfällt. Zum Schluss die Formen aus dem Ofen holen, kurz auskühlen lassen und die Pfitzauf vorsichtig aus den Formen lösen.

Für das Rucola-Püree die Kartoffeln kochen, pellen und zerstampfen. Rucola waschen und grobe Stiele entfernen, dann pürieren. Den Knoblauch abziehen und durch eine Presse drücken. Nach und nach die Sahne, den Knoblauch und das Rucolapüree unter die Kartoffelmasse rühren. Mit Pfeffer und Salz abschmecken.

Die Kirschtomaten waschen, abtrocknen und in einer Pfanne mit dem Olivenöl und etwas Salz anbraten.

Die Pfitzauf mit dem Rucola-Kartoffelpüree und Kirschtomaten auf Tellern anrichten und, mit fein gehacktem Rucola garniert, servieren.

KARTOFFELKRATZETE
mit weißem Spargel

Traditionell pflegt der Schwabe ein inniges Verhältnis zu allen Gerichten, die aus Mehl zubereitet werden, während seine Beziehung zu Kartoffeln eher etwas verhalten ist. Umso erstaunlicher, dass ausgerechnet hierzulande ein paar heimische Küchenklassiker zusammenbringen, was scheinbar nicht zusammengehört: die Verdoppelung der Kohlenhydratmenge durch die Verbindung von Mehl und Kartoffeln, wie man sie beispielsweise beim Gaisburger Marsch oder bei den Bubaspitzle antrifft. Ursprünglich ist die Kratzete ein für die Region typisches Mehlgericht, das sich aber auch aus Kartoffeln zubereiten lässt. Dabei ist die Kratzete in der Küche vielfältig einsetzbar – sowohl als süße als auch als pikante Speise – und kann selbstverständlich auch vegan zubereitet werden. In der schwäbischen und auch in der badischen Küche gelten Kratzete und Spargel als Traumpaar.

FÜR 4 PERSONEN

FÜR DIE KRATZETE

400 g mehligkochende Kartoffeln
2 Eier
30 g Sahne
Salz, frisch gemahlener schwarzer Pfeffer
Muskatnuss, gerieben
Butter zum Ausbacken

FÜR DEN SPARGEL IN MANDELBUTTER

20 Stangen weißer Spargel
Salz
Mandelblättchen
Butter
Schnittlauchröllchen zum Garnieren

Für die Kratzete die Kartoffeln weich kochen, schälen und erkalten lassen. Dann werden die Kartoffeln durch eine grobe Reibe oder eine Kartoffelpresse in eine Schüssel gerieben bzw. gedrückt und mit den Eiern und der Sahne zu einer sämigen Masse verarbeitet. Anschließend mit Salz, Pfeffer und Muskat würzen. Die Butter in einer Pfanne erhitzen und den Teig mit einem Schöpflöffel etwa 1 cm dick in die Pfanne geben. Beide Seiten gut anbräunen, dann in kleine Stücke zerteilen. Warm stellen und restlichen Teig analog verarbeiten.

Den Spargel schälen und die holzigen Enden entfernen. Dann den geputzten Spargel in Salzwasser bissfest kochen. Die Mandelblättchen in Butter anbräunen.

Die Kratzete, mit Schnittlauchröllchen garniert, auf Tellern anrichten, den Spargel anlegen, die Mandelblättchen darüber verteilen und servieren.

DAMPFNUDELN
auf Pilzragout

VEGAN

In den süddeutschen Getreideregionen zählen Dampfnudeln seit Jahrhunderten zum festen Speiseplan. Die Besonderheit der Mehlspeise liegt in ihrer Zubereitung. Der Hefeteig wird in einem Topf mit geschlossenem Deckel gleichzeitig gebraten und gedämpft. So entsteht ein weiches Gebäck mit knuspriger, gold-brauner Unterseite.

FÜR 4 PERSONEN

FÜR DIE DAMPFNUDELN

20 g Hefe
250 ml Hafermilch
1 Prise Zucker
500 g Weizenmehl (Type 405)
1 TL Salz
100 g flüssige Margarine

ZUM GAREN PRO TOPF

150 ml Hafermilch
¼ TL Salz
1 nussgroßes Stück Margarine

FÜR DIE FÜLLUNG

frischer Thymian, klein geschnitten
1 große Zwiebel
4 EL zerkleinerte Walnüsse
Olivenöl
Salz, frisch gemahlener schwarzer Pfeffer

FÜR DAS PILZRAGOUT

500 g Pilze
1 Zwiebel
Fett zum Anbraten
1 gehäufter TL frischer Rosmarin, gehackt
veganer Sahneersatz
Salz, frisch gemahlener schwarzer Pfeffer

Für die Dampfnudeln die Hefe mit der lauwarmen Hafermilch und der Prise Zucker glatt rühren. Zusammen mit den restlichen Zutaten zu einem glatten Teig verarbeiten, bis er Blasen wirft und sich leicht von der Schüssel löst. Schüssel abdecken und an einem warmen Ort gehen lassen, bis die doppelte Höhe erreicht ist. Dann 12–16 Nudeln formen und auf einem bemehlten Backbrett nochmals kurz gehen lassen. In zwei niedrigen Brattöpfen von 22 cm Ø jeweils die Hafermilch – ersatzweise Wasser – mit einem nussgroßen Stück Margarine und dem Salz zum Kochen bringen. Jeweils die Hälfte der aufgegangenen Nudeln dicht an dicht in die Töpfe setzen. Mit einem gut schließenden Deckel abdecken und etwa 20 Minuten köcheln lassen, ohne den Deckel abzunehmen. Die Nudeln sind fertig, wenn die Flüssigkeit eingekocht ist und der Duft der sich bildenden Kruste nach außen dringt. Solange noch das brodelnde Geräusch der kochenden Flüssigkeit zu hören ist, darf der Deckel keinesfalls abgenommen werden!

Für die Füllung den Thymian waschen und klein schneiden. Die Zwiebel abziehen und in Würfel schneiden. Walnüsse und Zwiebelwürfel in Olivenöl kurz andünsten, Thymian hinzugeben und mit Salz und Pfeffer abschmecken. Damit die fertigen Dampfnudeln füllen oder über die Dampfnudeln verteilen.

Für das Pilzragout die Pilze säubern und in feine Scheiben schneiden. Die Zwiebel abziehen, klein schneiden und mit Fett anbraten. Pilze und Rosmarin zugeben und weiterbraten. Mit veganem Sahneersatz ablöschen, etwas reduzieren lassen und mit Salz und Pfeffer abschmecken.

MANGOLD-
Laubfrösche

Bietigheimer Laubfrösche enthalten keinerlei Bestandteile des grünen Hüpfers. Der Name leitet sich von der froschähnlichen Form und der grünen Ummantelung ab.

FÜR 4 PERSONEN

FÜR DIE LAUBFRÖSCHE

20 große Mangoldblätter
200 g mehligkochende Kartoffeln
200 g gewürztes veganes Hack
1 Bund Petersilie, gehackt
250 g Pilze
1 Zwiebel
Pflanzenöl zum Anbraten
2 Eier
Salz, frisch gemahlener schwarzer Pfeffer
Muskatnuss, gemahlen
500 ml Gemüsebrühe

FÜR DIE ZWIEBELSAUCE

2 große Zwiebeln, in Ringe geschnitten
Butter zum Anbraten
Gemüsebrühe zum Ablöschen
Salz, frisch gemahlener schwarzer Pfeffer

Die Mangoldblätter waschen und die großen Stiele herausschneiden. Dann die Blätter portionsweise in einem großen Topf etwa 1 Minute in kochendem Salzwasser blanchieren. Mit kaltem Wasser abschrecken und gut abtrocknen. Die Kartoffeln schälen, vierteln und in Salzwasser gar kochen. Abgießen und zur Seite stellen. Das Soja-Hack einweichen. Die Petersilie waschen und klein hacken. Pilze säubern, klein schneiden und mit der abgezogenen und klein geschnittenen Zwiebel in Öl anbraten. Zur Seite stellen und abkühlen lassen. Gare Kartoffeln durch eine Presse drücken, mit dem fertigen veganen Hack, zwei Drittel der Petersilie und den Eiern gut vermischen. Zum Schluss die Pilze unterheben. Mit Salz, Pfeffer und Muskat würzen.

Mangoldblätter einzeln auf der Arbeitsfläche auslegen und mit der Masse füllen. Blatt aufrollen, mit der Naht nach unten in einen großen Topf setzen und mit Öl kurz kräftig anbraten. Gemüsebrühe zugeben, bis die Laubfrösche fast bedeckt sind. Bei geschlossenem Deckel etwa 15–20 Minuten durchgaren.

Die Zwiebelringe in Butter anbraten, dann mit Gemüsebrühe ablöschen, etwas reduzieren und mit Salz und Pfeffer abschmecken. Laubfrösche mit Pellkartoffeln und Zwiebelsauce anrichten und servieren.

TIPP: Dazu passen Pellkartoffeln oder Reis.

SELLERIESCHNITZEL
mit Kartoffelsalat

VEGAN

Sellerie zählt zu den etwas unterschätzten Gemüsepflanzen. Zumeist gesteht man ihm allenfalls ein Schattendasein als langweilige Nebenfigur im Suppentopf zu. Womit man ihm die Chance nimmt, seine Fähigkeiten zu entfalten. Denn das vitaminreiche Gemüse hat wesentlich mehr auf dem Kasten. Mit seinem erdig-würzigen Aroma kann es auch einem laschen Umfeld geschmackliches Leben einhauchen und eignet sich dabei hervorragend zum Frittieren und Panieren.

FÜR 4 PERSONEN

FÜR DEN KARTOFFELSALAT

1 kg festkochende Salatkartoffeln
2 Zwiebeln
150–200 ml kräftig gewürzte Gemüsebrühe
2–3 EL Essig
1 TL Senf
Salz, frisch gemahlener schwarzer Pfeffer
3–4 EL Pflanzenöl

FÜR DIE SELLERIESCHNITZEL

800 g Knollensellerie
100 g Weizenmehl (Type 405)
250 ml Pflanzenmilch
(z. B. Hafer- oder Mandelmilch)
Salz, frisch gemahlener schwarzer Pfeffer
Semmelbrösel
Pflanzenöl zum Anbraten

Für den Salat die Kartoffeln weich kochen und im Dampf stehen lassen, bis sie handwarm sind (dadurch werden sie »speckig« und geben einen saftig glänzenden, nicht breiigen Salat). Dann die Kartoffeln schälen und in dünne Scheiben schneiden. Zwiebeln abziehen und würfeln. Die Gemüsebrühe erwärmen, Zwiebeln zugeben und kurz aufkochen. Vom Herd nehmen und etwas abkühlen lassen. Essig und Senf einrühren und die Brühe mit Pfeffer und Salz abschmecken. Die warme Brühe über die Kartoffelscheiben gießen und vorsichtig mischen. Den Kartoffelsalat gut durchziehen lassen. Zuletzt das Öl vorsichtig unterheben und bei Bedarf nochmals mit Pfeffer und Salz abschmecken.

Für die Sellerieschnitzel die Sellerieknolle schälen, waschen und abtrocknen. In etwa 1 ½ cm dicke Scheiben schneiden. Diese in kochendem Salzwasser bissfest garen. Mit kaltem Wasser abspülen und abtrocknen. Das Mehl mit der Pflanzenmilch in einem tiefen Teller verrühren und mit Pfeffer und Salz würzen. Die Semmelbrösel in einen zweiten tiefen Teller füllen. Die Selleriescheiben zuerst in der Mehl-Milch-Mischung und dann in den Semmelbröseln wenden. In einer Pfanne mit dem Öl auf beiden Seiten knusprig anbraten.

Die Sellerieschnitzel auf Tellern anrichten und mit dem Kartoffelsalat servieren.

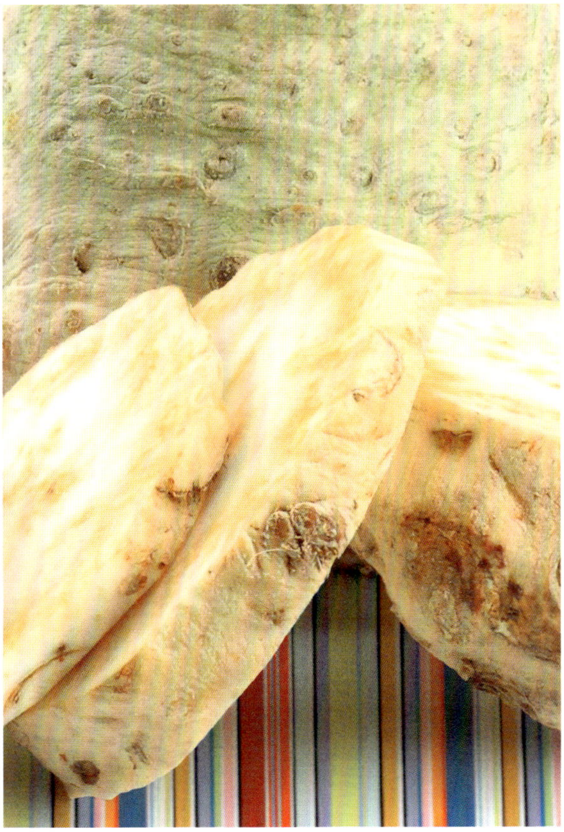

BUBASPITZLE
mit Sauerkraut

VEGAN

Die schwäbische Küche gilt als deftig. Auch die Sprache wird – vor allem im hohen Norden – als robust empfunden. Man könnte aber auch sagen, sie ist ehrlich und nennt die Dinge schnörkellos beim Namen. Und so sind mit Bubaspitzle – pardon – tatsächlich nichts anderes als Knabenpenisse gemeint. Denn die wurstartigen Gebilde erinnern in ihrer Formgebung an die primären Geschlechtsteile kleiner Jungs. Entstanden ist das Gericht, das vornehm auch als Schupfnudeln bezeichnet wird, im Dreißigjährigen Krieg – übrigens vegan. Damals bereiteten die Landsknechte aus ihren Mehl- und Wasserrationen die Vorfahren der Bubaspitzle, seinerzeit allerdings noch ohne Kartoffeln, da sich diese in der ersten Hälfte des 17. Jahrhunderts noch nicht als Nahrungsmittel etabliert hatten.

FÜR 4 PERSONEN

FÜR DIE BUBASPITZLE

600 g mehligkochende Kartoffeln
175 g Weizenmehl
1 EL Sojamehl, mit etwas Wasser verrührt
Salz
Muskatnuss, gerieben
Pflanzenöl zum Anbraten

FÜR DAS KRAUT

750 g vorgegartes Sauerkraut
4 Wacholderbeeren
1 Lorbeerblatt
125 ml trockener Weißwein
Salz, frisch gemahlener schwarzer Pfeffer

Für die Bubaspitzle müssen die Kartoffeln bereits am Vortag mit der Schale gekocht werden. Am Folgetag die geschälten Kartoffeln durch eine Presse drücken. Zwei Drittel des Mehls und das gesamte aufgelöste Sojamehl mit Salz und Muskat zu einem Teig kneten. Vom restlichen Mehl so viel hinzugeben, dass der Teig nicht mehr klebt. Auf einer bemehlten Unterlage fingerdicke und fingerlange, spitz zulaufende Würstchen formen. In kochendes Salzwasser geben und sieden lassen, bis sie an der Oberfläche schwimmen. Mit einem Schaumlöffel herausnehmen, gut abtropfen lassen und vor dem Anrichten in einer Pfanne in Pflanzenöl rundum goldgelb anbraten.

Für das Kraut das Sauerkraut mit Wacholderbeeren, Lorbeerblatt und Weißwein in einem Topf erwärmen, bis es weich ist. Dann die Wacholderbeeren und das Lorbeerblatt entfernen und das Sauerkraut mit Salz und Pfeffer abschmecken.

Die angebratenen Schupfnudeln mit dem Kraut in Schälchen anrichten und servieren.

KÄSESPÄTZLE mit geschmälzten Zwiebeln

Die Bezeichnung »Spätzlesschwob« bzw. »Spätzlesfresser« ist gemeinhin nicht als Ehrentitel gemeint. Auch nicht als Kompliment an die Schwäbische Innovationskunst. Dabei manifestiert sich gerade bei der Spatzenzubereitung die enorme Kreativität der Landeskinder. Sowohl in der geschmacklichen Verfeinerung mit Kräutern, Nüssen, Maronen oder Äpfeln als auch in Bezug auf die »technische« Seite. Denn heimische Tüftler haben zahlreiche Geräte zur Spatzenherstellung erfunden. Die noch heute weitverbreitete Spätzlespresse wurde 1939 in Stuttgart patentiert.

FÜR 4 PERSONEN

ZUTATEN
300 g Allgäuer Emmentaler und/oder Allgäuer Bergkäse
250 g Weizenmehl (Type 405)
2 Eier
etwas kalte Milch
Salz
2 Zwiebeln
2 EL Butter
Salz, frisch gemahlener schwarzer Pfeffer

Zunächst wird der Käse gerieben. Dann aus dem Mehl, den Eiern und der Milch – ersatzweise auch kaltes Wasser – einen festen, glatten Teig rühren, etwas Salz hinzugeben und so lange schlagen, bis er Blasen wirft. Auf das nasse Spätzlesbrett einen Teil des Teiges streichen und mit einem speziellen Schaber oder einem breiten Messer schmale Streifen in das kochende Salzwasser schaben. Alternativ eine Spätzlespresse benutzen. Einmal schaumig aufkochen lassen, dann mit einem Schaumlöffel herausnehmen, in einem Sieb kurz mit kaltem Wasser abspülen und die erste Schicht Spätzle in eine vorgewärmte Auflaufform geben. Etwas geriebenen Käse darüberstreuen, dann die nächste Portion Spätzle zubereiten und wiederum mit einer Portion Käse bestreuen. Den Vorgang so lange wiederholen, bis der Spätzlesteig verarbeitet ist. Zum Schluss wird der restliche Käse auf die letzte Schicht Spätzle gegeben und das Ganze anschließend mit zwei Gabeln vermischt und im Ofen warm gehalten.

Die Zwiebeln abziehen und in feine Ringe schneiden. Butter in einer Pfanne zerlassen und darin die Zwiebelringe gut andünsten. Vor dem Servieren über die Kässpatzen geben.

SPINATKUCHEN
mit Pilzen & Käse

Kuchen muss nicht zwangsläufig süß sein. In der heimischen Küche schätzt man ihn nicht nur als zuckriges Sonntagsgebäck, sondern auch als habhaftes Alltagsbackwerk, das zumeist mit Gemüse belegt wird. Neben Krautkuchen vom Filderkraut erfreut sich vor allem Zwiebelkuchen großer Beliebtheit. In Kombination mit herbstlichem Federweißen, also frisch gepresstem Wein, der schon leicht gärt, gilt er als schwäbisches Dynamit. Unser Spinatkuchen präsentiert sich dagegen wesentlich weniger explosiv. Die ursprünglich wohl aus Südwestasien stammende Gemüsepflanze wird bereits seit dem 9. Jahrhundert in Europa kultiviert. 1543 beschrieb sie der Tübinger Leonhart Fuchs in seinem legendären Kräuterbuch als »Spinachia«. Damals war sie in unseren Breitengraden jedoch längst etabliert.

FÜR 4 PERSONEN

FÜR DEN MÜRBTEIG (FÜR EINE FORM MIT 24 CM Ø)

250 g Weizenmehl (Type 405)
125 g zerlassene Butter
1 Ei
1 Prise Salz

FÜR DIE FÜLLUNG

1 kg frischer Spinat
300 g Pilze
1 große Zwiebel
Pflanzenöl zum Anbraten
Salz, frisch gemahlener schwarzer Pfeffer
Muskatnuss, gerieben

FÜR DEN BELAG

125 g Crème fraîche
1 EL Speisestärke
2 Eier
Salz, frisch gemahlener schwarzer Pfeffer
200 g geriebener Käse

Für den Mürbteig aus den Zutaten einen Teig kneten, in eine Folie wickeln und im Kühlschrank 30 Minuten ruhen lassen.

Für die Füllung den Spinat waschen, putzen und grobe Stiele entfernen. Dann die Pilze säubern und in Scheiben schneiden. Zwiebel abziehen, klein schneiden und mit Öl in einer großen Pfanne anschwitzen. Den Spinat hinzugeben und anbraten. Die Pilze hinzufügen, kurz mitbraten und alles mit Salz, Pfeffer und Muskat abschmecken. Vom Herd nehmen und abkühlen lassen.

Für den Belag die Crème fraîche, Speisestärke, Eier, Salz und Pfeffer miteinander verrühren. Den Teig in den Maßen der Form einschließlich Rand auswellen, in die gefettete Form legen und mit der Hand an die Form andrücken. Die Füllung auf den Teig geben, den Belag darüber verteilen, mit dem geriebenen Käse bestreuen und im auf 200 °C (Ober-/Unterhitze) vorgeheizten Ofen etwa 45 Minuten backen.

FLÄDLE MIT BOHNEN
& Tomatensauce

VEGAN

Selbst als Schwabe, der nicht nur alles kann, sondern auch perfekt hochdeutsch spricht, bleibt man in der Fremde nicht vor Missverständnissen verschont. Das kann so mancher Leidgeprüfte bestätigen, der den traurigen Mut hatte, in Berlin statt wie gewohnt Flädle sprachgewandt Pfannkuchen zu bestellen. Denn er erhielt statt des erwarteten flachen runden Kuchens ein mit Marmelade gefülltes frittiertes Hefegebäck mit pappsüßer Zuckerhaube. Wir nennen dieses brötchenförmige Gebilde »Berliner«. Glücklicherweise bezeichnen die Hauptstadtbewohner unsere dünnen, knusprigen Pfannkuchen oder eben Flädle nicht als Schwaben.

FÜR 4 PERSONEN

FÜR DIE BOHNEN

750 g frische grüne Bohnen
frisches Bohnenkraut

FÜR DIE TOMATENSAUCE

10 Tomaten
1 Zwiebel
1–2 Knoblauchzehen
Pflanzenöl
Salz, frisch gemahlener schwarzer Pfeffer

FÜR DIE FLÄDLE

250 g Weizenmehl
2 EL Sojamehl, mit etwas Wasser verrührt
100 ml Mineralwasser
1 Päckchen Backpulver
500 ml Pflanzenmilch
(z. B. Hafer- oder Mandelmilch)
1 TL Salz
Pflanzenöl zum Ausbacken
200 g veganer Käseersatz

Die Bohnen waschen und die Endstücke abschneiden. Zusammen mit dem Bohnenkraut in Salzwasser bissfest garen. In Eiswasser abschrecken, das Bohnenkraut entfernen und kalt stellen.

Für die Tomatensauce die Tomaten in kochendem Wasser kurz blanchieren. In Eiswasser abschrecken, Schale und Strunk entfernen und pürieren. Anschließend Zwiebel und Knoblauch abziehen, klein schneiden und in einer Pfanne mit Öl anbraten. Die Tomaten hinzugeben und einige Zeit köcheln lassen, bis ein Teil der Flüssigkeit verdampft ist. Mit Pfeffer und Salz abschmecken.

Für die Flädle in einer Schüssel das Mehl, das aufgelöste Sojamehl, das Mineralwasser, das Backpulver, die Pflanzenmilch und das Salz mit einem Schneebesen vermengen, bis ein glatter Teig entsteht. Nacheinander in einer Pfanne dünne Flädle in Öl ausbacken.

Die Flädle mit je einem Klecks Tomatensauce bestreichen, die Bohnen darauf verteilen und mit Käseersatz bestreuen. Kurz im Ofen (Grillfunktion) überbacken und sofort servieren.

DESSERTS

Etliche Süßspeisen, die wir heute als Dessert genießen, wurden traditionell als Hauptmahlzeit gereicht. Bevor Zucker infolge von Napoleons Kontinentalsperre auch für weniger begüterte Schichten erschwinglich wurde, war Honig die fast einzige Süßungsmöglichkeit des »kleinen Mannes«. Rohrzucker, der unter unmenschlichen Bedingungen in der »neuen Welt« gewonnen wurde, blieb bis ins 19. Jahrhundert hinein ein Privileg des Adels, für den aufwendig dekorierte Torten und Kuchen mit zunehmend filigranem Aufbau nicht nur Genussmittel, sondern auch Statussymbole waren.

PFITZAUF
mit Kompott

In den überwiegend katholisch geprägten Regionen Neu-Württembergs war Pfitzauf eine beliebte Fasten- und Freitagsspeise. Das luftig leichte Eiergebäck wurde üblicherweise als Hauptmahlzeit gereicht und mit Gsälz, Kompott oder Vanillesauce aufgehübscht. Das »schwäbische Soufflé« wird in speziellen Steingutformen aus glasiertem Ton gebacken. Diese Pfitzaufformen gibt es mit sechs, gelegentlich auch vier Mulden. Außerdem Einzelförmchen, die an gstumpete Kaffeebecher erinnern. Allerdings ist das einstige Fastengericht mittlerweile so stark in Vergessenheit geraten, dass der Kauf von Pfitzaufformen auch hierzulande fast unmöglich geworden ist.

FÜR 4 PERSONEN

ZUTATEN (FÜR 14 STÜCK)
250 g Weizenmehl (Type 405)
500 ml Milch
4 Eier
1 Prise Salz, etwas Zucker
2 EL zerlassene Butter
Butter für die Förmchen
2 EL Puderzucker nach Geschmack

Zuerst den Backofen auf 200 °C (Ober-/Unterhitze) vorheizen. Dann aus Mehl, Milch, Eiern, einer Prise Salz (und nach Belieben etwas Zucker) einen glatten Teig rühren. Alle Zutaten sollten Zimmertemperatur haben. Zuletzt die flüssige Butter untermischen.

Den flüssigen Teig mit einer Schöpfkelle in die gefetteten Pfitzaufformen geben, dabei die Formen nur jeweils zur Hälfte füllen. In die Mitte des vorgeheizten Backofens einschieben und etwa 45 Minuten backen, bis der Teig auf das Doppelte aufsteigt und das Gebäck eine schön goldbraune Farbe bekommt. Die Backofentür während des ganzen Backvorgangs nicht öffnen, da sonst der Teig zusammenfällt. Die Formen aus dem Ofen holen, kurz auskühlen lassen und die Pfitzauf vorsichtig aus den Formen lösen.

Dazu gibt es eingemachte Kirschen und Pfirsiche. Nach Belieben die Pfitzauf zusätzlich mit 2 EL Puderzucker bestreuen. Wer nicht auf seine Linie achten muss, kann sich zusätzlich noch einen Klecks Schlagsahne gönnen.

TIPP: Je nach Jahreszeit kann natürlich auch frisches Obst anstelle der eingemachten Kirschen und Pfirsiche gereicht werden.

KIRSCHMICHEL
(die feine Variante)

Neben den Armen Rittern und dem Ofenschlupfer zählt der Kirschmichel zu den populärsten Brotreste-Verwertungsessen. Bei der Alltagsversion werden die Reste mit Kirschen, Zucker und Zimt aufgewertet, am Sonntag kommen Sahne und Rotwein dazu.

FÜR 4 PERSONEN

FÜR DIE KIRSCHGRÜTZE

500 g frische Kirschen und 500 ml Kirschsaft
oder 1 Glas (720 ml) entsteinte Kirschen
5 EL trockener Rotwein oder Kirschsaft
30 g Speisestärke
5–7 EL Zucker
Schale von ½ unbehandelten Zitrone

FÜR DIE KIRSCHSAHNE

200 g Sahne
1 TL Zucker
Kirschsaft

FÜR DIE KIRSCHMICHEL

4 Eiweiß
150 g weiche Butter
4 Eigelb
100 g Zucker
500 g Quark
150 g Grieß
1 TL Backpulver
Abrieb von 1 unbehandelten Zitrone
50 g gemahlene Mandeln
1 kg entsteinte Kirschen
Butter und Semmelbrösel für die Förmchen

Für die Kirschgrütze die Kirschen entstielen, waschen und entsteinen (Glaskirschen abtropfen lassen, dabei den Saft auffangen und mit Wasser auf 500 ml auffüllen). Wein oder Saft und Stärke glatt rühren. Restlichen Saft, Zucker und Schale aufkochen. Schale entfernen, Stärke einrühren und unter Rühren aufkochen. Kirschen unterheben. Frische Kirschen etwa 3 Minuten köcheln lassen. Mindestens 3 Stunden auskühlen lassen.

Für die Kirschsahne die Sahne mit dem Zucker steif schlagen. Dabei nach und nach etwas Kirschsaft zugeben. Bis zum Servieren kalt stellen.

Für die Kirschmichel das Eiweiß gut schaumig schlagen und kalt stellen. 8–12 kleine Souffléförmchen gut einfetten und mit Semmelbröseln ausstreuen. Backofen auf 200 °C (Ober-/Unterhitze) vorheizen. Ein Backblech mit hohem Rand mit so viel Wasser füllen, dass es als Wasserbad für die Förmchen dienen kann. Die Butter schaumig rühren. Eigelb und Zucker untermischen, Quark und Grieß zufügen und alles zu einer schaumigen Masse rühren. Backpulver, Zitronenabrieb und Mandeln einrühren und zuletzt die Kirschen und den Eischnee unterheben. Die vorbereiteten Förmchen bis knapp unter den Rand befüllen, ins Wasserbad stellen und in den Ofen schieben. Etwa 15 Minuten backen. Dann etwas abkühlen lassen, die Kirschmichel vorsichtig am Rand entlang lösen und auf vorgewärmte Teller stürzen. Mit der Kirschgrütze und der Kirschsahne servieren.

APFELKÜCHLE mit Zimteis & Walnüssen

VEGAN

Seit dem 16. Jahrhundert veranlassten die württembergischen Herzöge den groß angelegten Anbau von Obstbäumen, um die Ernährungslage der Bevölkerung zu verbessern. Damit schufen sie letztendlich die Grundlage für unser heutiges Streuobstparadies. Den Untertanen soll sich der Nutzen allerdings erst erschlossen haben, als der aus dem Most gewonnene Wein ihren Geist beflügelte.

FÜR 4 PERSONEN

FÜR DAS ZIMTEIS

270 g Cashewkerne
400 ml Hafermilch
100 g Zucker
2–3 TL Zimt

FÜR DIE APFELKÜCHLE

250 g Weizenmehl (Type 405)
100 g Zucker
1 Prise Salz
1 TL Backpulver
30 ml Sonnenblumenöl
250 ml Mandelmilch
3 große Äpfel
Sonnenblumenöl zum Braten
gemahlener Zimt
Zucker
1 Päckchen Vanillezucker

FÜR DIE KARAMELLISIERTEN WALNÜSSE

100 g Zucker
150 g geschälte Walnusskerne

Für das Zimteis die Cashewkerne in eine Schüssel geben, mit heißem Wasser übergießen und 1 Stunde einweichen lassen. Danach abgießen und abtropfen lassen. Cashewkerne mit Hafermilch, Zucker und Zimt im Mixer pürieren, bis die Masse richtig glatt ist. Dann in die Eismaschine geben und daraus Speiseeis fertigen.

Für die Apfelküchle Mehl, Zucker, Salz und Backpulver in einer Schüssel gut vermischen. Öl und Mandelmilch hinzugeben, bis der Teig die Konsistenz von Pfannkuchenteig hat. Die Äpfel schälen und die Kerngehäuse entfernen, ohne die Äpfel zu zerteilen. Die Äpfel in 1 cm dicke Scheiben schneiden. Einzelne Scheiben kurz in den Teig legen, sofort im heißen Öl von beiden Seiten goldbraun anbraten, auf Küchenpapier abtropfen lassen und warm stellen.

Für die karamellisierten Walnüsse 100 ml Wasser mit Zucker aufkochen, bis der Zucker anfängt, leicht zu bräunen. Die Walnüsse dazugeben, Hitze reduzieren und die Walnusshälften unter ständigem Rühren im Karamell wälzen, bis sich ein schöner Karamellüberzug gebildet hat.

Die warmen Apfelküchle zuletzt noch in einer Mischung aus Zimt, Zucker und Vanillezucker wenden und zusammen mit dem Eis und den karamellisierten Walnusskernen servieren.

KRATZETE mit flambiertem Obst

VEGAN

Mehl wird bei uns als Nahrungsmittel gebraucht. Nicht zum Pudern von Perücken. Das soll jedenfalls der pietistische Pfarrer Flattich seinem katholischen Herrscher Carl Eugen mutig entgegengeschleudert haben, als er von diesem wegen seiner fehlenden Puderperücke gerügt wurde. Wahr ist, dass Getreide in Württemberg eine der wichtigsten Ernährungsgrundlagen war. Die heroische Geschichte scheint dagegen wenig glaubhaft. Schließlich hätte eine derart freche Ansage den Pfarrer ganz schnell auf den berüchtigten Hohenasperg gebracht. Zur Kratzete passen nicht nur Spargel, sondern auch Erdbeeren. Bereits seit dem Mittelalter werden sie in schwäbischen Gärten angebaut. Dabei differenziert die schwäbische Sprache zwischen den kleinen, wild wachsenden, geschmacksintensiven »Breschtlingen« und den heute handelsüblichen großen Erdbeeren.

FÜR 4 PERSONEN

FÜR DIE KRATZETE

250 g Weizenmehl (Type 405)
2 EL Sojamehl, mit etwas Wasser verrührt
100 ml Mineralwasser
1 Päckchen Backpulver
500 ml Pflanzenmilch (z. B. Hafer- oder Mandelmilch)
1 TL Salz
Pflanzenöl zum Backen der Flädle
Zimt, Zucker

FÜR DIE FLAMBIERTEN ERDBEEREN

400 g Erdbeeren
2 EL Zucker
2 cl Cointreau (oder ein anderer Likör mit mindestens 40 % Alkohol)

Für die Kratzete in einer Schüssel das Mehl, das aufgelöste Sojamehl, das Mineralwasser, das Backpulver, die Pflanzenmilch und das Salz mit einem Schneebesen vermengen, bis ein glatter Teig entsteht. Dann in einer Pfanne mit Öl einzelne Flädle auf beiden Seiten ausbacken, anschließend in kleine Stücke zerteilen und warm stellen.

Zum Flambieren der Erdbeeren zunächst die Erdbeerstiele entfernen, die Früchte waschen, abtrocknen und halbieren. In eine Pfanne geben, mit Zucker vermischen und kurz erwärmen. Mit dem Cointreau übergießen und flambieren.

Die Kratzete mit Zimt und Zucker bestreuen und mit den flambierten Erdbeeren servieren.

TIPP: Erdbeeren werden durch das Erwärmen und Flambieren weich. Alternativ können auch festere Früchte wie Pflaumen oder Aprikosen verwendet werden.

DAMPFNUDELN mit schwäbischem Whisky

VEGAN

Das fluffige Hefegebäck erhält seine süße Note vor allem durch entsprechende Beilagen wie Obst oder alkohol-schwangere Saucen. In Schwaben meist ungefüllt, genießt man sie anderswo gerne mit Pflaumenmus gefüllt.

FÜR 4 PERSONEN

FÜR DIE WHISKYSAUCE

350 ml veganer Sahneersatz
180 ml schwäbischer Whisky
Mark einer ½ Vanilleschote
9 EL Zucker
¾ TL Maisstärke
2 EL Dampfmohn

FÜR DIE DAMPFNUDELN

20 g Hefe
250 ml Hafermilch, angewärmt
80 g Zucker
500 g Weizenmehl (Type 405)
100 g flüssige Margarine
1 Prise Salz
Abrieb von ½ unbehandelten Zitrone

ZUM GAREN PRO TOPF

150 ml Hafermilch
1 nussgroßes Stück Pflanzenmargarine
1 TL Zucker

Für die Whiskysauce in einem Topf Sahne, Whisky, Vanillemark und Zucker mischen. Unter ständigem Rühren kurz aufkochen, dann Hitze reduzieren. Maisstärke in 2 EL kaltem Wasser auflösen. In die Sauce einrühren und köcheln lassen, bis die Sauce eindickt. Abkühlen lassen und zugedeckt etwa 1 Stunde im Kühlschrank ruhen lassen.

Für die Dampfnudeln die Hefe mit der lauwarmen Hafermilch und dem Zucker glatt rühren. Zusammen mit den restlichen Zutaten zu einem glatten Teig verarbeiten, bis er Blasen wirft und sich leicht von der Schüssel löst. Schüssel abdecken und an einem warmen Ort gehen lassen, bis die doppelte Höhe erreicht ist. Dann 12–16 Nudeln formen und auf einem bemehlten Backbrett nochmals kurz gehen lassen. In zwei niedrigen Töpfen mit je 22 cm Ø jeweils die Hafermilch mit einem nussgroßen Stück Margarine und dem Zucker zum Kochen bringen. Die Nudeln dicht an dicht in die Töpfe setzen. Mit einem gut schließenden Deckel abdecken und etwa 20 Minuten köcheln lassen, ohne den Deckel abzunehmen. Die Nudeln sind fertig, wenn die Flüssigkeit eingekocht ist und der Duft der sich bildenden Kruste nach außen dringt. Solange noch das brodelnde Geräusch der kochenden Flüssigkeit zu hören ist, darf der Deckel keinesfalls abgenommen werden!

Die fertigen Dampfnudeln mit Mohn bestreuen und zusammen mit der Whiskysauce servieren.

Dampfnudeln

Einer Legende zufolge sollen Dampfnudeln während des Dreißigjährigen Krieges entstanden sein. Angeblich bewahrten die luftigen Teigbällchen, die zudem großzügig in Wein getränkt waren, ein Dorf vor gewalttätigen Übergriffen, Raub, Plünderung und Mord durch feindliche Truppen.

Der Ort des Geschehens befindet sich allerdings in der Pfalz, was dem schwäbischen Anspruch auf Urheberschaft widerspricht. Tatsächlich ist die klassische Mehlspeise in ganz Süddeutschland verbreitet. Die in Österreich beliebten Germknödel sind sozusagen entfernte Verwandte. Und auch in anderen europäischen Regionen finden sich ähnliche Hefeknödel. Wie bei vielen Gerichten lässt sich auch für Dampfnudeln weder ein exakter Entstehungsort noch ein genauer Entstehungszeitpunkt festlegen. Schriftliche Quellen sind hier Mangelware. Zumal die altüberlieferten Rezepte der einfachen Bevölkerung zumeist erst spät in Kochbüchern festgehalten wurden.

FLÄDLE mit Früchtepüree

VEGAN

Bis ins 19. Jahrhundert hinein war Rohrzucker ein Luxusgut, das ausschließlich dem Adel und dem begüterten Bürgertum vorbehalten blieb. Denn der weite Handelsweg machte das Produkt so teuer, dass es die finanziellen Möglichkeiten Normalsterblicher bei Weitem überstieg. Dem »gemeinen Mann« stand lediglich Honig als süßes Element zur Verfügung. Ebenso wie Beeren war er eine willkommene Bereicherung der allgegenwärtigen Mehlspeisen.

Häufig lässt sich nicht mit Sicherheit sagen, seit wann bestimmte Pflanzen in unserer Region kultiviert wurden. Die schriftlichen Quellen sind diesbezüglich zuweilen wenig aussagekräftig. Von Himbeeren wissen wir immerhin, dass sie seit Jahrtausenden in unseren Wäldern gesammelt und seit dem Mittelalter – zumeist in Klostergärten – angebaut wurden. Definitiv waren sie stets ein treuer Begleiter von Flädle, Kratzete und Co.

FÜR 4 PERSONEN

FÜR DAS FRÜCHTEPÜREE

400 g Himbeeren
1 reife Mango
evtl. etwas Zucker

FÜR DIE FLÄDLE

250 g Weizenmehl (Type 405)
2 EL Sojamehl, mit etwas Wasser verrührt
100 ml Mineralwasser
1 Päckchen Backpulver
500 ml Pflanzenmilch (z. B. Hafer- oder Mandelmilch)
1 TL Salz
Pflanzenöl zum Backen der Flädle

Für das Früchtepüree die Himbeeren waschen, abtropfen lassen und pürieren. Bei Bedarf etwas süßen und kalt stellen. Dann wird die Mango gewaschen und geschält. Anschließend den Stein entfernen, die Mango klein schneiden und ebenfalls pürieren. Je nach Geschmack leicht süßen und kalt stellen.

Für die Flädle in einer Schüssel das Mehl, das aufgelöste Sojamehl, das Mineralwasser, das Backpulver, die Pflanzenmilch und das Salz mit einem Schneebesen vermengen, bis ein glatter Teig entsteht. Dabei sollte der Teig relativ flüssig zubereitet werden, damit die Flädle schön dünn werden. Anschließend werden die Flädle nacheinander in einer Pfanne mit heißem Pflanzenöl ausgebacken.

Die Flädle aufrollen, in Streifen schneiden und mit dem Himbeer- und Mangopüree anrichten. Nach Belieben mit Puderzucker bestauben und mit frischen Früchten servieren.

VERSOFFENE JUNGFERN
mit Apfel-Birnen-Most

Im Allgemeinen zeigt sich die schwäbische Sprache deutlich differenzierter als die deutsche Hochsprache. Zuweilen lässt sie jedoch auch Mehrdeutigkeiten zu. So kann das Wort versoffen sowohl ertrunken als auch trinkfreudig bedeuten. Versoffene Jungfern sind eine alkoholsatte Leckerei, deren Name Nonnen zu verdanken sein soll, die sich dem klostereigenen Wein wenig abgeneigt zeigten. Eine andere Erklärung der etwas befremdlichen Bezeichnung bringt ältere unverheiratete Frauen – Altledige, wie man früher im Schwäbischen sagte – nach einem feuchtfröhlichen Damenkränzchen ins Spiel. Auch die dritte Legende rankt sich um angeschickerte, unbefleckte weibliche Wesen. Ihr zufolge soll die rote Färbung, die die Teigklößchen annehmen, wenn sie mit Wein übergossen werden, an die zart geröteten Wangen angesäuselter junger Mädchen erinnern.

Der alkoholhaltige Hochgenuss für süße Leckermäuler ist allerdings nicht nur in Schwaben verbreitet. Man kennt und liebt ihn auch in anderen süddeutschen Regionen sowie in Österreich als besoffene, beschwipste oder trunkene Jungfern.

FÜR 4 PERSONEN

ZUTATEN

3 Eier
150 g Zucker
½ Päckchen Vanillezucker
Abrieb von 1 unbehandelten Zitrone
150 g Weizenmehl (Type 405)
2 TL Backpulver
Pflanzenöl zum Ausbacken
500 ml Apfel-Birnen-Most

Die Eier, den Zucker, Vanillezucker und Zitronenabrieb in eine Schüssel geben und schaumig schlagen. Dazu abwechselnd Mehl, Backpulver und 3 EL heißes Wasser zugeben und schnell zusammenrühren. Den Teig gut verrühren, dann mit einem Teelöffel ovale Klößchen aus der Masse formen und diese in etwa 180 °C heißem Fett etwa 4 bis 5 Minuten schwimmend backen lassen, bis sie goldgelb sind. Mit einem Schaumlöffel herausnehmen. Anschließend die gebackenen Teigstückchen kurz auf ein Stück Küchenrolle legen, um das Fett abtropfen zu lassen. Zum Schluss den Apfel-Birnen-Most erwärmen und die angerichteten »Jungfern« damit übergießen.

OBERSCHWÄBISCHE
Kräpfle mit Gsälz

Erst mit Napoleons Kontinentalsperre im Jahr 1806 wurde aus dem Luxusgut Zucker langfristig ein Massengenussmittel. Die Verknappung des begehrten Rohrzuckers beflügelte in der Folgezeit den Zuckerrübenanbau in Deutschland und machte so das weiße Gold für breitere Bevölkerungsschichten erschwinglich. Der Siegeszug der Zuckerrübenindustrie ermöglichte verfeinerte Backwerke wie Nonnenfürzle, versoffene Jungfern, Fasnetsküchle oder Kräpfle. Sie finden sich insbesondere in Oberschwaben, wo der Chemiker Andreas Sigismund Marggraf bereits 1747 den hohen Zuckergehalt von Zuckerrüben nachgewiesen hatte.

FÜR 4 PERSONEN

ZUTATEN

250 g Weizenmehl (Type 405)
2 Eigelb
4 EL Apfelsaft
Abrieb von ½ unbehandelten Zitrone
240 g Butter
Orangenmarmelade
Erdbeermarmelade
1–2 Eiweiß

Das Mehl, ein Eigelb, den Apfelsaft und den Zitronenabrieb zu einem Teig kneten. Diesen 30 Minuten kalt stellen und anschließend auswellen. 80 g Butterflöckchen auf dem Teig verteilen, den Teig von beiden Seiten und von oben nach unten einschlagen und gut auswellen. 20 Minuten ruhen lassen. Dann den Vorgang noch zweimal wiederholen. Nach dem letzten Ruhen den Teig ½ cm dick auswellen und Kreise von 10 cm Ø ausstechen. In die Mitte der runden Teigstücke jeweils einen Löffel Marmelade geben – eine Sorte pro Kräpfle – und den Teig ringsum mit Eiweiß bestreichen, zusammenklappen und an den Rändern festdrücken. Den Ofen auf 200 °C (Ober-/Unterhitze) vorheizen. Die Kräpfle mit dem restlichen Eigelb bestreichen und etwa 20 Minuten backen. Abkühlen lassen und servieren.

STRIEBELE
mit frischen Beeren

VEGAN

Striebele gibt es nur im Plural. Sie sind ein fast vergessener süßer Magenschmeichler, der in einigen Regionen auch als Fasnetsgebäck bekannt ist. Gelegentlich werden sie auch auf Mittelalter- und Weihnachtsmärkten angeboten. Striebele zählen zur Familie der Fettgebackenen. Sie unterscheiden sich jedoch durch ihre eigenwillige Form, die an ein Vogelnest erinnert, von anderen artverwandten Süßspeisen. Wobei das außergewöhnliche Erscheinungsbild dadurch entsteht, dass der Striebelesteig mit kreisenden Bewegungen durch einen Trichter in heißes Öl gegeben wird. Verzehrt werden sie zumeist, mit Puderzucker bestaubt, zu Beeren oder Beerengsälz. Früher wurden jedoch auch salzige Striebele zubereitet, wahlweise mit Kräutern als Hauptgericht oder als Beilage zu Suppen und Eintöpfen.

FÜR 4 PERSONEN

ZUTATEN

300 g Weizenmehl (Type 405)
½ Päckchen Backpulver
300 ml Hafermilch
2 EL Zucker
1 EL Vanillezucker
Pflanzenöl zum Frittieren
Puderzucker zum Bestauben
400 g frische Beeren
(z. B. Erdbeeren, Heidelbeeren, Himbeeren)

Die Zutaten zu einem Teig verarbeiten. Anschließend das Pflanzenöl in einen hohen Topf füllen und erhitzen. Das Öl hat die richtige Temperatur erreicht, wenn beim Eintauchen vom Holzstiel eines Kochlöffels keine Blasen mehr aufsteigen. Dann den Teig in eine Spritztülle einfüllen. (Alternativ kann auch ein Gefrierbeutel benutzt werden, an dem eine kleine Ecke abgeschnitten wurde.) Mit kreisenden Bewegungen einen Teil des Teigs an einem Stück in das heiße Fett fließen lassen, sodass der Teig in Schnüren aufeinandergeschichtet wird und wie ein Vogelnest aussieht. Von beiden Seiten goldbraun frittieren und vorsichtig aus dem Öl nehmen. Die frittierten Striebele auf Küchenpapier abtropfen lassen und warm stellen. Den restlichen Teig analog verarbeiten.

Vor dem Servieren werden die Striebele mit Puderzucker bestaubt und mit den gewaschenen Beeren angerichtet.

ARME RITTER
mit Rotweinschaum

Das weit verbreitete Bild vom edlen Ritter hält einer Überprüfung der historischen Fakten nur bedingt stand. Denn die kühnen Recken steckten infolge von Erbteilungen, Spielschulden und Misswirtschaft häufig in extremen Geldnöten. Nicht wenige gingen dem nicht gerade ehrenwerten Beruf des Raubritters nach. So kommt es, dass die volkstümliche Überlieferung mittellose Blaublüter zum Namensgeber einer kargen Resteverwertungsmahlzeit machte. Die »güldenen Schnitten« mauserten sich rasch zu einer beliebten Fastenspeise – nahrhaft, sättigend und fleischlos. Allerdings wurden die Fastenregeln nicht immer und überall getreulich eingehalten. Zuweilen fanden sich trickreiche Hintertürchen, um die entbehrungsreiche Zeit etwas gnädiger zu gestalten. So konnten sogar Biber zur Fastenspeise mutieren. Denn nach der Lockerung der Fastenregel Mitte des 16. Jahrhunderts war der Verzehr von Fischen in der Fastenzeit gestattet. Und da Biber am selben Schöpfungstag erschaffen worden waren, erklärte man sie kurzerhand zu Fischen.

FÜR 4 PERSONEN

FÜR DEN ROTWEINSCHAUM

2 Eigelb
1 Ei
160 g Zucker
½ EL Speisestärke
500 ml trockener Rotwein

FÜR DIE ARMEN RITTER

500 ml Milch
2–4 Eier
4 altbackene Weckle
Puderzucker
Butter zum Ausbacken

FÜR DAS TOPPING

100 g geschälte Nusskerne
Butter

Für den Rotweinschaum unter die in einer Schüssel mit Zucker schaumig gerührten Eier die in etwas Wein aufgelöste Speisestärke geben. Den restlichen Wein in einem Topf anwärmen. Die Zucker-Ei-Masse in den Wein einrühren und unter ständigem Rühren einmal aufkochen. (Keinesfalls mehrfach, denn längeres Kochen würde zum Gerinnen führen.)

Für die armen Ritter Milch und Eier miteinander verquirlen. Weckle in Scheiben schneiden und darin (nicht zu lange) einweichen. In heißer Butter von beiden Seiten goldbraun anbraten.

Zum Schluss die Nüsse in einer Pfanne mit Butter vorsichtig anrösten. Die armen Ritter mit Puderzucker bestreuen und mit dem Rotweinschaum und den gerösteten Nüssen servieren.

CRAILSHEIMER Horaffen mit Vanillesahne

Zur Jahreswende 1379/1380 wurde Crailsheim von mehreren Städten belagert. Als die Lebensmittel zur Neige gingen, sollen die Crailsheimerinnen aus den letzten Vorräten Horaffen gebacken und diese über die Mauer geworfen haben. Angeblich zeigte die Bürgermeistersgattin den Belagerern bei dieser Gelegenheit ihr nacktes wohlproportioniertes Hinterteil, das mit einem Bart und Augen bemalt war. »Haaraffe« riefen die Feinde ihr zu und machten sich vom Acker, überzeugt davon, dass eine derart reich mit Lebensmitteln und weiblichen Rundungen beglückte Stadt nicht einzunehmen war. Die Geschichte mag an den Affenhaaren herbeigezogen sein. Aber das Gebäck erinnert tatsächlich an einen üppigen Allerwertesten.

FÜR 4 PERSONEN

FÜR DIE HORAFFEN (12 STÜCK)

500 g Weizenmehl (Type 405)
20 g frische Hefe
80 g Zucker
200 ml lauwarme Milch
80 g Butter
2 Eier
Saft und Abrieb von 1 unbehandelten Zitrone
Puderzucker

FÜR DIE VANILLESAHNE

½ Bourbon-Vanilleschote
200 g Sahne
2 TL Zucker

Für die Horaffen das Mehl in eine große Schüssel geben und in der Mitte eine Mulde formen. Die Hefe mit einer Prise Zucker in 50 ml lauwarmer Milch glatt rühren. In die Mulde gießen und mit etwas Mehl verrühren. Diesen Vorteig an einem warmen Ort etwa 15 Minuten gehen lassen. Dann die Butter in der restlichen lauwarmen Milch schmelzen und zum Vorteig geben. 1 Ei, den restlichen Zucker und den Abrieb von ½ Zitrone hinzugeben, alles zu einem Teig kneten und diesen 30 Minuten an einem warmen Ort gehen lassen. Den Ofen auf 200 °C (Ober-/Unterhitze) vorheizen. Danach den Teig nochmals durchkneten und in Portionen von jeweils 70 g teilen. Jede Portion zu einem langen, fingerdicken Strang rollen und zu einer »3« formen. Diese auf ein mit Backpapier ausgelegtes Blech legen und mit verquirltem Ei bestreichen. Etwa 10–15 Minuten im Ofen backen. Wer mag, kann Puderzucker mit etwas Zitronensaft verrühren und die noch warmen Horaffen damit bestreichen.

Für die Vanillesahne die Vanilleschote seitlich aufschneiden, aufklappen und das Mark herauskratzen. Die Sahne mit dem Mark und dem Zucker steif schlagen.

Die noch warmen Horaffen mit der Vanillesahne servieren.

GRIESSKLÖSSCHEN
mit Kirschkompott

Ausgrabungen in der Bodenseeregion belegen, dass Kirschen bereits im Mesolithikum, also rund 8000 bis 5000 vor Christus, als Nahrungsmittel in unserer Region heimisch waren. Seinerzeit handelte es sich natürlich um Wildkirschen. Die Veredelung der süßen Früchte spielte noch längst keine Rolle. Diese etablierte sich erst im 19. Jahrhundert. Nun entstanden, unterstützt und gefördert vom Königshaus, in ganz Württemberg Obstgärten, in denen der Obstanbau systematisch betrieben wurde. Nicht von ungefähr war Württemberg das erste deutsche Land, in dem die Tätigkeit des Baumwarts als anerkannter Ausbildungsberuf eingeführt wurde.

FÜR 4 PERSONEN

FÜR DIE GRIESSKLÖSSCHEN (16 STÜCK)

250 ml Milch
2 EL Butter
Mark von 1 Vanilleschote
3 EL Zucker oder 3–4 EL Honig
80 g Grieß
2 Eigelb
Schale von ½ unbehandelten Orange
Schale von ½ unbehandelten Zitrone
1 Zimtstange
2 EL Zucker
1 Prise Salz

FÜR DAS KIRSCHKOMPOTT

2 Tassen roter Portwein (nach Geschmack noch etwas Schwarzwälder Kirschwasser)
2 Tassen Kirschsaft
Mark von 1 Vanilleschote
4–6 EL Zucker
1 TL Stärke
400 g entsteinte Süßkirschen

Für die Grießklößchen Milch, Butter, Vanillemark und Zucker oder Honig in einem Topf aufkochen. Den Grieß langsam einrühren und bei geringer Hitze etwa 5 Minuten köcheln lassen. Den Topf vom Herd nehmen, die Masse abkühlen lassen und das Eigelb unterziehen. 3 Stunden ruhen lassen, dann aus der Masse 16 Klößchen formen. Zitrusschalen, Zimtstange, Zucker und Salz in 1 l Wasser aufkochen. Dann die Hitze reduzieren, die Klößchen hineingeben und etwa 5 Minuten ziehen lassen (nicht kochen!), bis sie oben schwimmen.

Für das Kompott den Portwein mit Kirschsaft aufkochen und nach Belieben noch etwas Kirschwasser zufügen. Dann Vanillemark und Zucker zugeben und gut einkochen lassen, gegebenenfalls mit der Stärke abbinden. Kirschen beifügen, kurz erwärmen.

Das Kompott mit den Klößchen anrichten und, nach Belieben mit Zimtzucker bestreut, servieren.

TIPP: Falls Kinder mitessen, den Wein durch Kirschsaft ersetzen.

WEINCREME mit Schneewölkchen

Im Lauf der Jahrhunderte wurde schwäbischer Wein immer wieder mit Most gemischt, was die Obrigkeit mehrfach dazu veranlasste, das Mosten einzuschränken oder zu verbieten. Schließlich sollte der edle Rebensaft ohne geschmackliche Beeinträchtigung gewinnbringend verkauft werden. Mitunter entsprang die »Panscherei« der puren Not. So streckte man im Dreißigjährigen Krieg den Wein, um die marodierenden Landsknechthorden mit der von ihnen geforderten Weinmenge bedienen zu können.

Rund 150 Jahre später erbrachte die Weinernte zuweilen einen solchen »Simsekrebsler«, dass er mit behördlicher Erlaubnis durch Most aufgebrezelt wurde. Heute bürgt Württemberger Wein jedoch für hohe Qualität. Gerade Stuttgart, die »Stadt zwischen Wald und Reben«, gilt mit seinen terrassierten Steilhängen, die teilweise bis in die Innenstadt hineinragen, als besonderes Anbaugebiet. Durch die hohe Sonneneinstrahlung und das fast schon mediterrane Klima des Talkessels ist die Landeshauptstadt für den Rebenanbau geradezu prädestiniert.

FÜR 4 PERSONEN

FÜR DIE WEINCREME
4 Eigelb
100 g Zucker
1 EL Stärkemehl
Saft von 2 Zitronen
375 ml trockener Weißwein
200 g Sahne

FÜR DIE EISCHNEEWÖLKCHEN
2 Eiweiß
1 TL Zucker
125 ml Milch

FÜR DAS TOPPING
120 g gehackte Mandeln
einige Weintrauben

Für die Weincreme das Eigelb und den Zucker schaumig rühren. Dann nach und nach das Stärkemehl einrühren. Zitronensaft und Wein hinzufügen. Die Masse unter Rühren auf dem Herd vorsichtig erhitzen. Sobald sie beginnt, dick zu werden, vom Herd nehmen. Noch etwas weiterrühren und dann abkühlen lassen. Zuletzt die Sahne steif schlagen und unter die Creme ziehen.

Für die Schneewölkchen das Eiweiß zusammen mit dem Zucker sehr steif schlagen. Dann die Milch zum Kochen bringen und mit zwei Teelöffeln kleine Portionen aus dem steif geschlagenen Eischnee formen. Auf die Milch setzen, zudecken und etwa 3 Minuten ziehen lassen. Dann vorsichtig herausnehmen und vor dem Servieren auf die Weincreme setzen.

Am Schluss die gehackten Mandeln auf die Creme streuen und das Ganze mit Weintrauben garnieren.

REZEPT-REGISTER

VITAE

KATHARINA HILD & NIKOLA HILD

DIE FOTOGRAFIN

Katharina Hild, Jahrgang 1962, ist gebürtige Tübingerin. Nach Abschluss ihres Ingenieurstudiums gründete sie 1988 die Bildagentur Hild. Daneben arbeitet sie als Foto-Designerin mit den Schwerpunkten: Architektur, Kunst, Stillleben und Food.

DIE AUTORIN

Nikola Hild, Jahrgang 1958, ist gebürtige Tübingerin, studierte Empirische Kulturwissenschaft und Germanistik und ist derzeit als Gästeführerin in Tübingen tätig. Zusammen mit ihrer Schwester, Katharina Hild, veröffentlicht sie Reportagen und Sachbücher und ist Mitarbeiterin der Monatszeitschrift »Schöner Südwesten«.

IMPRESSUM

1. Auflage 2021

Umschlaggestaltung: Sophie Schillo, München.
Coverfoto: Katharina Hild, Reutlingen;
Hintergrundbild, Freisteller, Illustrationen:
© Ivaylo Ivanov – Shutterstock; © Wolna – Shutterstock;
© Tim UR – Shutterstock; © Anastasiya Norina – Shutterstock.

BILDNACHWEIS
Alle Rezeptfotos stammen von Katharina Hild
mit Ausnahme von: S. 85 u.l. (© D_M – Shutterstock);
Illustrationen: © Anastasiya Norina – Shutterstock;
© tetiana_u – Shutterstock; © Simple Line – Shutterstock.

Umschlaggestaltung: Sophie Schillo, München,
unter Verwendung eines Fotos von Katharina Hild.
Satz und Layout: Silke Schüler, München.
Lektorat: Gertrud Menczel, Böblingen.

Printed in Slovakia by Neografia, a. s.

ISBN 978-3-8425-2297-8

Besuchen Sie uns im Internet und entdecken Sie die Vielfalt unseres Verlagsprogramms: www.silberburg.de

Ihre Meinung ist uns wichtig
... für unsere Verlagsarbeit. Wir freuen uns auf Kritik und Anregungen unter:
meinung@silberburg.de